FACULTÉ DE DROIT DE PARIS

DROIT ROMAIN

DES GARANTIES ACCORDÉES A LA FEMME

POUR ASSURER LA RESTITUTION DE LA DOT

* * *

DROIT FRANÇAIS

DE LA TRANSMISSION ACTIVE DE L'HYPOTHÈQUE

THÈSE POUR LE DOCTORAT

PAR

FERNAND BERNARD

Né à Niort (Deux-Sèvres)

AVOCAT A LA COUR IMPÉRIALE

L'acte public sur les matières ci-après sera soutenu
le jeudi 30 juillet 1868 à dix heures

Président : M. BUFNOIR, professeur.

Suffragants. MM. COLMET D'AAGE, GIRAUD, DEMANGEAT, Professeurs. GIDE, Agrégé.

Le candidat répondra, en outre, aux questions qui lui seront faites sur les autres matières de l'enseignement.

ANGERS

IMPRIMERIE P. LACHÈSE, BELLEUVRE ET DOLBEAU

Chaussée Saint-Pierre, 13

1868

FACULTÉ DE DROIT DE PARIS

DROIT ROMAIN

DES GARANTIES ACCORDÉES A LA FEMME

POUR ASSURER LA RESTITUTION DE LA DOT

DROIT FRANÇAIS

DE LA TRANSMISSION ACTIVE DE L'HYPOTHÈQUE

THÈSE POUR LE DOCTORAT

PAR

FERNAND BERNARD

Né à Niort (Deux-Sèvres)

AVOCAT A LA COUR IMPÉRIALE

L'acte public sur les matières ci-après sera soutenu
le jeudi 30 juillet 1868 à dix heures

PRÉSIDENT : M. BUFNOIR, professeur.

SUFFRAGANTS.	MM. COLMET D'AAGE.	PROFESSEURS.
	GIRAUD.	
	DEMANGEAT.	
	GIDE.	AGRÉGÉ.

Le candidat répondra, en outre, aux questions qui lui seront faites sur les autres matières de l'enseignement.

ANGERS
IMPRIMERIE P. LACHÈSE, BELLEUVRE ET DOLBEAU
Chaussée Saint-Pierre, 13

1868

A MON PÈRE

A MA MÈRE

A MA GRAND'MÈRE

A MES PARENTS

A MES AMIS

DROIT ROMAIN

DES GARANTIES ACCORDÉES A LA FEMME

POUR OBTENIR

LA RESTITUTION DE LA DOT.

DROIT ROMAIN

DES GARANTIES ACCORDÉES A LA FEMME

POUR OBTENIR

LA RESTITUTION DE LA DOT.

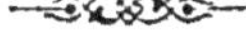

§ I.

INTRODUCTION HISTORIQUE.

A. — Peu de matières sont en droit romain plus intéressantes à étudier que l'histoire de la dot. Là plus que partout ailleurs on peut se rendre compte de la marche de cette civilisation étrange qui naquit au pied du mont Palatin pour aller, après de magnifiques progrès et de singulières vicissitudes, s'éteindre affaiblie et dégradée par son excès même dans les vagues du Bosphore.

Avant la loi des XII Tables, la condition de la femme à Rome fut soumise sans doute à deux législations, la législation patricienne qui proclamait l'égalité de l'époux et de l'épouse « *ubi tu Gaïüs ego Gaïa;* » la législation plébéienne qui faisait prédominer l'autorité brutale du chef de la famille.

Dans cette dernière, l'idée de dot ne pouvait trouver place, le mariage plébéien était trop voisin de l'esclavage; et la femme en se mariant passait corps et biens sous la *manus* du chef de famille. Le seul avantage qui compensait, pour la femme la perte de sa liberté, était la situation même que la *manus* lui créait dans la famille. Elle était, nous disent les auteurs, à l'égard de ses enfants *loco sororis,* à l'égard de son mari *loco filiæ,* par conséquent héritier sien du chef de famille. Car nous devons remarquer que si le mari n'était pas *sui juris,* ce n'était pas lui qui exerçait la *manus,* c'était le *pater familias.*

Telle est, dans le principe, la condition de la femme plébéienne; le droit patricien différent probablement dans son principe et ses conséquences n'est pas parvenu jusqu'à nous.

La loi des XII Tables généralise d'une manière presque brutale le droit plébéien; dès lors nous devons faire abstraction des anciens usages patriciens. Peut-être leur souvenir ne fut-il pas étranger à la constitution de la dot; mais il serait difficile de rien affirmer à cet égard.

A partir de la loi des XII Tables, la *manus* est le droit commun des mariages. Nous aurons cependant à signaler des vestiges du mariage libre; mais il nous faut d'abord jeter un coup d'œil rapide sur la *manus*.

La *manus* a ses racines bien moins dans le mariage que dans l'incapacité perpétuelle de la femme, puisqu'elle appartient, non pas au mari s'il est *alieni juris*, mais bien au chef de famille; nous avons vu qu'elle mettait la femme au nombre des héritiers sien.

C'était là le seul avantage que la *manus* procurait à la femme. Cet avantage elle le perdait en cas de divorce, *repudium*.

Le *repudium* ne fut pendant longtemps qu'un danger illusoire, mais en 520, Sp. Carvilius Ruga, alors censeur, répudia sa femme pour cause de stérilité, et par la p...e qu'il avait ouverte passèrent de grands abus.

C'est alors que l'on accorde une attention beaucoup plus c..nsidérable à une espèce de mariage libre, le mariage par le seul consentement que la loi des XII Tables avait laissé subsister.

La femme qui n'avait pas été épousée avec les rites solennels de la *confarreatio* et de la *coemptio*, et sur laquelle le mari n'avait point acquis la *manus* par usucapion, restait maîtresse de son patrimoine.

C'est ce mariage libre devenu de plus en plus général qui fut la source de la dot.

Le mot est d'origine attique (*dos*, δίδωμι), et l'institution se trouvait, au dire de Saumaise, dans la législation athénienne.

Nous pourrions la définir, en droit romain comme dans notre droit, « le bien que la femme apporte à son mari pour l'aider à supporter les charges du ménage. »

Mais soit que nous nous placions dans l'hypothèse de la *conventio in manum,* soit que nous nous référions à la théorie du mariage libre, il faut tenir pour constant que la femme répudiée perdait sa dot.

On échappa à cet inconvénient à l'aide de conventions particulières. Les parents de la femme stipulèrent la restitution de la dot en cas de divorce, et se firent donner des cautions (*cautiones rei uxoriæ*).

Plus tard on accorda une action fictice à la femme, ou aux parents de la femme qui ne s'était point fait donner de garanties; on supposa les garanties données et on accorda à la femme l'action *rei uxoriæ* dans le but d'obtenir la restitution de sa dot.

A partir de ce moment la dot est organisée, c'est une institution régulière, normale, dont on peut étudier le fonctionnement.

De nouveaux éléments de sécurité furent postérieurement introduits par la loi Julia et par les innovations de Justinien; aussi distinguerons-nous dans notre travail deux périodes successives : l'époque classique, et l'époque Justinienne.

§ II.

ÉPOQUE CLASSIQUE.

A. — *De la condition du bien dotal.*

Le bien dotal est-il la propriété du mari ou la propriété de la femme? C'est une question difficile à résoudre, car les textes indiquent tour à tour les deux solutions.

C'est ainsi que la loi 49. D. *de furtis* (texte de Gaïus), refuse à la femme l'*actio furti,* contre le voleur de la chose dotale :

« Item rei dotalis nomine, quæ periculo mulieris est, non mulier furti actionem habet, sed maritus. »

Ulpien (loi 47 D. *de peculio*), semble donner une solution analogue. « Ob res amotas, vel proprias viri, vel etiam dotales, tam vindicatio quam condictio viro adversus mulierem competit, et in potestate est qua velit actioni uti. »

La portée de ces deux textes est facile à saisir : et leur rapprochement rend plus frappante encore l'idée qu'ils expriment.

La femme n'est pas propriétaire puisqu'elle n'a pas l'*actio furti.* Le mari est au contraire propriétaire puisqu'il a l'action *propter res amotas* contre sa femme, lorsque celle-ci a dérobé *des objets dotaux.*

Un autre texte d'Ulpien semble indiquer une solution toute contraire : « Sævitia quæ in propriis (servis) culpanda est, in alienis coercenda est, hoc est in dotalibus. » (C. 240, 5 *soluto matrimonio*).

Nous voyons là les esclaves dotaux considérés par rapport au mari comme *res alienæ*.

De pareilles contradictions ne peuvent guère s'expliquer que par des tâtonnements de la doctrine et ce n'est point la formule connue : « Quamvis in bonis mariti dos sit, mulieris tamen est » qui peut les expliquer.

Et je ne pense pas que cette autre formule : « La propriété des biens dotaux, bien qu'appartenant réellement au mari, continue à résider virtuellement sur la tête de la femme, » soit beaucoup plus claire.

Ce ne sont en somme que des mots; mais on ne peut concevoir qu'une propriété soit à la fois entre les mains de deux personnes. Nous dirons plutôt que le mari est propriétaire des biens dotaux, tant que dure le mariage; mais que ces biens sont entre ses mains grevés d'une affectation spéciale au profit de la femme, et qui restreint le droit de disposition du mari.

On pourrait dire également du droit de la femme qu'il sommeille tant que dure la société conjugale, mais qu'il revit dans son intégrité lorsqu'elle est dissoute.

B. — *Conservation de la dot.*

Jusqu'à la loi Julia, la femme n'eut pour garantie de sa dot que les *cautiones rei uxoriæ*, moyen insuffisant, puisque le promettant ou ses fidéjusseurs pouvaient devenir insolvables et rendre la garantie illusoire. (Aulu Gelle).

Le motif qui fit rendre la loi Julia (sous Auguste) est bien connu. Les guerres civiles avaient dépeuplé l'empire, le mariage ruiné par le concubinat, et plus encore par le *stuprum*, était devenu infécond, le divorce était presque une spéculation ; on répudiait une femme et on gardait sa dot. C'est alors que la raison d'état formula cette maxime célèbre : « Interest reipublicæ mulieres salvas dotes habere propter quas nubere possint. »

En même temps, les célibataires, les gens sans enfants étaient frappés de nombreuses déchéances. Ainsi se trouvaient atteintes les débauches stériles et les spéculations matrimoniales.

La loi Julia défendait au mari d'aliéner le fonds dotal sans le consentement de sa femme et de l'hypothéquer même avec son consentement.

C'est à la loi Julia que remonte avec l'inaliénabilité du fonds dotal toutes les controverses sur la question de savoir si les meubles dotaux sont oui ou non aliénables.

La doctrine s'est aujourd'hui prononcée dans le sens de l'aliénabilité. La loi Julia ne paraît s'être occupée que du fonds dotal. Il n'est question que du fonds dotal dans les Institutes : *quibus licet alienare vel non*.

Papinien (loi 21 D. *de manumissionibus*), accorde au

mari s'il est solvable, le droit d'affranchir l'esclave dotal. Nous ne pensons point que Justinien ait voulu faire autre chose que rappeler en les modifiant, les principes de la loi Julia (L. 30 C. *de jure dotium*); — ni que les termes de la novelle 97 : « *Dotem minui nullo modo sinimus,* » doivent être pris dans un sens absolu.

Nous restreindrons la prohibition de la loi Julia à l'immeuble dotal, pensant que, sous la législation romaine, comme sous la législation française, (à notre avis) l'*immeuble* dotal fut seul frappé d'inaliénabilité.

C. — *Restitution de la dot.*

La femme a pour répéter sa dot deux actions : l'action *rei uxoriæ,* l'action *ex stipulatu.* Nous avons dit que l'action *ex stipulatu* naquit la première, et que l'action *rei uxoriæ* fut introduite plus tard.

Cette différence d'époque devait également entraîner une différence essentielle entre les deux actions.

L'action *rei uxoriæ* fut une action de bonne foi; l'action *ex stipulatu* était au contraire de droit strict.

On s'est demandé si l'action *de dote* dont nous trouvons le nom dans certains textes, n'était pas différente de l'action *rei uxoriæ.* Quelques commentateurs ont essayé de soutenir que l'action *de dote* était donnée à la matrone placée *in manu,* tandis que l'action *rei uxoriæ* était réservée à la femme libre. Cette distinction ne repose sur aucun fondement sérieux. Nous ne nous en servirons donc point dans le cours de cet opuscule.

De ce que l'action *ex stipulatu* est une action de droit strict, il résulte :

1° Que le mari poursuivi par cette voie, ne pourra point opposer le bénéfice de compétence.

2° Le mari ne jouira d'aucun délai pour restituer la somme promise.

3° Le mari ne pourra faire aucune retenue.

Dans la pratique on peut signaler une quatrième différence qui n'est qu'une conséquence médiate de la sévérité du droit ; le mari exigera presque toujours la caution *de dolo,* pour se couvrir à l'égard de sa femme.

Au contraire, lorsque la femme se sert de l'action *rei uxoriæ* :

1° La plus grande latitude est laissée au juge, il doit prononcer *ex fide bona* et même *uti æquius melius,* expression dont se sert habituellement la jurisprudence romaine, pour élargir le cercle de la décision judiciaire.

2° Le mari peut opposer le bénéfice de compétence.

3° Il jouit de la faculté de se libérer en trois termes séparés entre eux par un intervalle d'un an : *annuâ, bimâ, trimâ die.*

4° Le mari peut faire diverses retenues, *propter res amotas, propter impensas, propter mores, propter liberos.*

C'est-à-dire à raison des objets détournés par la femme de l'actif dotal ou de la fortune du mari ; — à raison des dépenses faites par le mari sur le fonds dotal ; — enfin à raison de la conduite de la femme.

On distinguait entre les *graviores mores,* et les *leviores mores.*

« Graviores mores sunt adulteria tantum, leviores omnes reliqui. » Nous établirons dans le § suivant le tarif de ces rétentions.

Enfin à raison des enfants.

D. — *Qui peut intenter l'action en restitution de la dot.*

Si la femme prédécède, la dot demeure irrévocablement acquise au mari. Dans un cas seulement, elle pourra lui échapper, c'est lorsqu'elle est profectice, constituée par un ascendant de la femme : « *Jure succursum est patri, ne et filiæ amissæ et pecuniæ damnum sentiret.* » (Pomponius, loi 6 D. *de jure dotium.*)

En cas de divorce ou de prédécès du mari, il faut distinguer si la femme est *sui* ou *alieni juris*, c'est au *pater familias* qu'il appartient d'intenter l'action *adjunctâ filiæ personâ.*

Il ne pourrait l'intenter seul. Chose étrange, le père de famille à qui le droit romain permet d'envoyer, malgré sa fille, le *repudium* à son gendre, ne peut réclamer seul la dot; si la fille refuse son concours, la dot restera entre les mains du mari.

C'est un point qui est mis hors de doute par les *Vaticana fragmenta.* « Paulus respondit matrimonium quidem, repudio a patre misso, ipso jure solutum videri, sed non licere patri filiam invitam a marito abducere nec dotem repetere posse, nisi filiâ consentiente. »

Et par la loi 28 D. *de jure dotium :* « Post nuptias, pater non potest deteriorem causam filiæ facere, quia nec reddi ei dos invitâ filiâ potest. »

Quid si la femme mourait après la dissolution du mariage? Pas de difficulté s'il y avait eu déjà *litis contestatio;* mais si la *litis. contestatio* n'avait pas eu lieu? il fallait distinguer, s'il y avait lieu à l'action *rei uxoriæ,* ou à l'action *ex stipulatu.*

L'action *rei uxoriæ* était considérée comme personnelle à la femme ; elle seule avait qualité pour l'exercer, elle ne passait à ses héritiers qu'autant que le mari avait été mis en demeure, soit par la femme même, soit par quelque personne agissant en son nom. « Post divortium, defunctâ muliere, heredi ejus actio non aliter datur quam si moram in dote reddendâ mulieri maritus fecerit. » (Ulpien, *Regulæ.*) L'action *ex stipulatu* rentrait dans le droit commun ; faisant partie du patrimoine de la femme, elle passait à ses héritiers que le mari eût été ou non mis en demeure.

A défaut de stipulation proprement dite, on faisait souvent intervenir des pactes *circa dotem,* afin d'en assurer la restitution ; et ces pactes, chose rare en droit romain, faisaient naître une action *(condictio, præscriptis verbis actio),* à condition qu'ils n'eussent pas été faits par le père de la femme, dans son propre intérêt.

E. — *Objets de la restitution.*

Il faut distinguer :

1° Si le bien dotal est meuble ou immeuble.

2° Si étant mobilier, c'est un corps certain ou une chose fongible.

2° Si étant un corps certain mobilier, il a ou n'a pas été estimé.

Ces différences sont importantes au point de vue des délais dont jouit le mari pour opérer la restitution, et surtout au point de vue de la nature des droits de la femme.

En effet, si le bien dotal est immobilier, il devra être rendu franc et quitte de toute charge ou hypothèque (loi Julia).

S'il est immobilier ou un corps certain mobilier, le mari devra le rendre immédiatement.

Si c'est une chose fongible ou un corps certain livré au mari avec estimation, le mari peut, comme nous l'avons dit, se libérer en trois termes espacés à un an de distance, *annuâ, bimâ, trimâ die.*

Il est possible que les objets dotaux ne se retrouvent point en nature dans l'actif du mari au moment de la dissolution du mariage; pour résoudre les difficultés qui se présentent dans diverses hypothèses, il faut en général s'en référer à ce principe : « Le mari ne peut rendre pire la condition de sa femme. »

Supposons par exemple que le mari ait aliéné l'immeuble dotal sans le consentement de sa femme. Celle-ci peut prendre deux partis, revendiquer l'immeuble entre les mains du tiers acquéreur ou poursuivre son mari en restitution du prix. Bien que ce prix ne soit pas un corps certain, le mari ne jouira d'aucun délai pour en opérer la restitution.

Si au contraire, il n'avait aliéné l'immeuble qu'avec le consentement de sa femme, il jouirait du bénéfice des délais.

Tryphoninus suppose le cas où la femme a apporté en dot sa part indivise dans un immeuble, et que cet immeuble a été postérieurement licité.

Alors de trois choses l'une : ou l'immeuble a été adjugé au mari, ou il a été adjugé au copropriétaire, ou enfin a été acquis par un étranger.

Dans le premier cas, l'immeuble tout entier devient dotal, sauf au mari à opérer la rétention de ses déboursés; dans le second, la somme payée par le copropriétaire au mari devient dotale, on enfin dans le dernier cas la quote du prix payé par l'étranger afférant à la femme devient dotale et c'est elle qui doit être restituée à la dissolution du mariage.

Les corps certains doivent être restitués en nature, et le mari est tenu de les conserver pendant le mariage avec le plus grand soin (*præstare diligentiam*); il répond de la faute, même légère.

La restitution des choses fongibles doit s'opérer en objets de même nature, valeur et bonté.

F. — *Rétentions opérées par le mari.*

Nous avons déjà parlé plus haut de ces rétentions. C'est ici le lieu d'en développer la théorie.

1° *Impenses (retentio propter impensas)*. Les impenses sont nécessaires ou simplement utiles, les impenses nécessaires *ipso jure dotem minuunt*. Ne prenons cependant point ces expressions à la lettre. Le mari n'avait que le droit de retenir le fonds dotal jusqu'à ce qu'il eût été remboursé des impenses faites sur ce fonds.

Les impenses utiles ne lui donnaient qu'une créance de droit commun.

2° *Enfants (retentio propter liberos)*. Il faut distinguer si le mariage est dissous par le prédécès de la femme ou par un divorce occasionné par la faute de la femme ou de son ascendant paternel.

Nous savons dans le premier cas que si la dot n'est point profectice, le mari n'a rien à restituer. Si la dot est profectice, il en gardera un cinquième par enfant né du mariage. S'il y a cinq enfants, il sera dispensé de toute restitution (Ulpien).

Dans le second cas, le mari retenait un sixième par enfant commun, sans que la rétention pût cependant excéder jamais trois sixièmes.

3° *Détournements (retentio propter res amotas)*. Cette rétention est proportionnelle à la valeur des objets détournés. Nous n'avons pas besoin de nous appesantir sur ce point.

4° *Désordres de la femme* (*retentio propter mores*). Nous avons établi plus haut les distinctions entre les *graviores mores* et les *leviores mores*. L'adultère autorise le mari trompé à retenir un sixième. Les désordres moins graves n'entraînent que la rétention de la huitième partie de la dot.

Par une juste réciprocité, le mari coupable d'adultère perdait le bénéfice des délais. Pour une faute moins grave de sa part, les délais étaient réduits de moitié (18 mois).

G. — *Époque de la restitution de la dot.*

En principe, la dot ne peut être restituée qu'à la dissolution du mariage ; une restitution anticipée exposerait le mari à payer deux fois. Les empereurs Théodose et Honorius nous expliquent qu'elle serait considérée comme une libéralité (L. un. C. *Si dos constante matrimonio refusa fuerit*) : « Si dos constante matrimonio, sine causa legitima refusa est, quod legibus stare non potest, quia donationis instar perspicitur obtinere, eadem uxore defuncta, ab ejus heredibus cum fructibus ex die refusæ dotis marito restituatur. »

Il existait cependant en droit romain quelque chose d'analogue à notre demande en séparation de biens. On tournait la loi à l'aide d'une fiction, lorsque la dot de la femme était mise en péril par le désordre des affaires du mari. On supposait alors le mariage dissous, et la femme agissait dès lors en restitution de la dot. Justinien fit disparaître ce détour, trop subtil pour la jurisprudence de son temps (L. 24 *C. Soluto matrimonio*).

En résumé, pendant cette seconde période, la conservation de la dot est assurée par les dispositions de la loi Julia et sa restitution garantie par deux actions, l'action *ex stipulatu* et l'action *rei uxoriæ*. On intente soit l'une, soit l'autre. Mais une fois la *litis contestatio* opérée, il s'opère une novation, et dès lors on ne peut plus abandonner une action pour revenir à l'autre : « *Altera alteram consumit.* »

§ III.

PÉRIODE TRANSITOIRE.

A. — *Privilegium inter personales actiones.*

La date de l'introduction de ce privilége n'est pas bien connue. On suppose cependant qu'il dut naître vers l'époque d'Adrien, et c'est dans la loi 17, au Digeste, *De rebus auctoritate judicis possidendis*, que nous en trouvons les plus anciennes traces. Au Code, il est traité *de privilegio dotis;* mais c'est une matière obscure, mal définie et sujette de nos jours encore à de sérieuses controverses.

On se demande quelle était la nature de ce droit appelé *privilegium dotis*. Voici les données les plus probables : La pratique romaine connaissait trois espèces de droits de préférence constitués au profit des créanciers, soit par la convention des parties, soit par la loi :

1° Le gage — l'antichrèse ;

2° L'hypothèque.

Le gage et l'hypothèque confèrent l'un et l'autre un droit de préférence et un droit de suite au créancier qui les a obtenus. Ils diffèrent en ce que le gage se constitue par la remise de l'objet, tandis que l'hypothèque résulte de la seule convention des parties.

3° Le privilége.

Le privilége n'est qu'un droit de préférence. Le créancier privilégié est payé sur l'actif avant les autres créanciers chirographaires; mais il est primé par les créanciers hypothécaires ou gagistes.

Le privilége est spécialement attaché à la qualité de la créance et de la personne du créancier. Il est accordé à la *femme* comme garantie de la *créance dotale.* Concluons de là que toute créance de la femme contre son mari autre que la créance dotale n'est point garantie par le privilége.

D'autre part, ce privilége sera absolument incessible et intransmissible. Le cessionnaire de la créance dotale, ou, pour parler le langage des Romains, le *procurator in rem suam* chargé de poursuivre la restitution de la dot, le père de la femme agissant en remboursement de la dot profectice, les héritiers de la femme ne pourraient s'en servir.

Telle est en résumé la situation de la femme à la fin de la période classique, à l'époque que nous avons appelée transitoire

Le mari est propriétaire de la dot. Le fonds dotal n'est pas aliénable sans le consentement de la femme, mais peut toujours être aliéné avec ce consentement. C'est là un premier danger.

Le fonds dotal ne peut être hypothéqué par le mari, mais il est cependant susceptible d'hypothèques; il n'échappera ni à l'hypothèque légale du fisc, ni à l'hypothèque légale du pupille. C'est un second danger.

Nous verrons dans le chapitre sui[illegible]t comment Justinien essaya de remédier à ces inconvénients.

§ IV.

ÉPOQUE JUSTINIENNE.

A. — *Réformes de Justinien.*

On peut ramener les réformes de Justinien à trois points principaux :

1° Modification de l'action *rei uxoriæ;*

2° Inaliénabilité du fonds dotal ;

3° Garanties substituées au *privilegium inter personales actiones.*

L'inaliénabilité du fonds dotal devint absolue. Nous n'aurons plus à en reparler dans le cours de cet opuscule.

B. — *Modification de l'action en restitution de la dot.*

Pendant la période précédente, nous avons vu que la femme avait deux actions pour recouvrer sa dot : l'action *ex stipulatu* et l'action *rei uxoriæ*, et que, sous l'empire de la procédure formulaire, de nombreuses différences distinguaient l'une de l'autre ces deux actions.

Sous Justinien, l'*ordo judiciorum* a disparu, les *cognitiones extraordinariæ* sont devenues de droit commun.

Les idées ont changé avec les mœurs. Aussi les changements de l'empereur byzantin n'auront-ils pas la portée vraiment révolutionnaire que leur eût donnée le défaut de transition.

Justinien fond ensemble les deux actions : de l'action *ex stipulatu* il conserve le nom, de l'action *rei uxoriæ* les principaux caractères. Sous Justinien, l'action improprement qualifiée *ex stipulatu* devient une action de bonne foi : le mari jouira du bénéfice de compétence et de délais pour opérer la restitution. De l'action *ex stipulatu*, il reste encore les traces suivantes : l'action passe aux héritiers de la femme lors même que le mari n'a pas été mis en demeure ; le mari n'a le droit de faire aucune retenue.

Les délais ont été modifiés par Justinien, et l'on peut se demander quelle étrange pensée le conduisit à une innovation si peu logique. Les immeubles doivent être rendus immédiatement, les meubles corps certains ou choses fongibles dans le délai d'un an !

Mais ce n'est pas là le point important de l'œuvre de Justinien. Comme nous le disions tout à l'heure, il a bien plutôt constaté une révolution toute faite qu'il n'en a fait une.

C.

En 529, Justinien rend la loi 30 C. *de Jure dotium ;* il accorde à la femme : 1° une action en revendication sur les choses dotales ; 2° une action hypothécaire sur tous les objets dotaux, mobiliers ou immobiliers, estimés ou non estimés.

Ou les choses dotales, d'une part, sont mobilières ou elles sont immobilières ; ou, d'autre part, elles ont été livrées au mari sur estimation ou elles n'ont point été estimées. Enfin, elles ont été aliénées ou elles se trouvent encore dans le patrimoine du mari.

Si elles sont immobilières, peu importe qu'elles aient été ou non aliénées, Justinien ayant proclamé l'inaliénabilité absolue du fonds dotal, la femme pourra dans tous les cas les revendiquer entre les mains des tiers acquéreurs.

Si elles sont mobilières et qu'elles aient été aliénées, la question est controversée. Nous nous sommes déjà prononcé plus haut dans le sens de l'aliénabilité de la dot mobilière.

On se demande encore si, lorsque les objets livrés au mari sur estimation existent encore dans l'actif du mari, la femme peut les revendiquer en d'autres termes, si elle exerce à l'égard de ces objets les droits d'un créancier ou d'un propriétaire.

En présence des textes mêmes, il faut, je pense, résoudre la question dans ce dernier sens :

« Cum eædem res et ab initio uxoris fuerint, et naturaliter in ejus permanserint dominio... ex naturali jure ejusdem mulieris res esse intelligantur. » — « Legum subtilitate transitus earum in patrimonium mariti .. secundum legum subtilitatem ad mariti substantiam pervenisse. »

Et cependant, nous allons tomber dans une contradiction singulière; puisque Justinien accorde à la femme une hypothèque générale sur toutes les choses dotales, il semblerait qu'elle ne peut avoir d'hypothèque sur un objet qui lui appartient.

Il y a assurément là une contradiction. La meilleure formule que l'on puisse donner du droit de la femme est peut-être celle-ci : « La femme est créancière hypothécaire des objets dotaux, mais elle a plus que les droits d'un créancier hypothécaire ordinaire; celui-ci ne pourrait en effet que faire vendre aux enchères les objets hypothéqués; la femme, au contraire, peut les garder en nature. »

De plus, la nature même de l'hypothèque confère à la femme un droit de suite que ne lui donnerait pas la revendication proprement dite; ce n'est qu'en vertu de l'action hypothécaire qu'elle peut agir contre les tiers.

D.

En 530, nouvelle innovation de Justinien. La loi unique au Code *De rei uxoriæ actione* confère à la femme une hypothèque générale et tacite sur tous les biens du mari.

Cette hypothèque garantissait non-seulement la restitution de la dot, mais encore les autres créances que la femme pouvait avoir acquises contre son mari postérieurement au mariage.

« Ita enim et imperitia hominum et rusticitas nihil eis poterit afferre præjudicium, cum nos illis ignorantibus et nescientibus in hoc casu nostram induxerimus providentiam. » (L. un C. *de rei uxoriæ.*)

L'hypothèque de la femme prenait rang à dater du mariage, elle primait toutes les hypothèques postérieures, et était primée par les hypothèques antérieurement consenties. Justinien en promulguant cette constitution était dans le vrai, il sauvegardait des droits respectables sans porter atteinte aux droits des tiers.

Il eût dû s'arrêter là; mais par malheur il fut entraîné par des obsessions constantes et un an plus tard il rendait la fameuse loi 12 C. *qui potiores in pignore*, celle que l'on désigne d'ordinaire sous le nom de loi *assiduis.*

L'hypothèque de la femme était déclarée privilégiée, elle prenait les hypothèques antérieurement consenties. Le crédit public reçut rarement une plus rude atteinte.

Tous les biens du mari tombaient sous le coup de la loi *assiduis* même les choses dotales non estimées, car la femme pouvait renoncer à la revendication pour s'en tenir à l'action hypothécaire privilégiée.

L'hypothèque privilégiée ne s'attachait qu'à la créance dotale, toute autre créance rentrait dans le droit commun, c'est-à-dire n'était garantie que par une hypothèque non privilégiée aux termes de la constitution de 530. (L. un. C. *de rei uxoriæ actione.*)

C. — *De l'augment de dot; — espèces.*

Sous l'empire de notre législation actuelle, les conventions matrimoniales ne peuvent être modifiées après la célébration du mariage (1395), et la conséquence de ce principe est que la dot ne peut être constituée ni même augmentée pendant le mariage. Il n'en était pas de même à Rome; aussi devons-nous examiner si l'augment ajouté à la dot pendant le mariage était protégé par le principe exorbitant de la loi *assiduis*.

Il semble tout d'abord qu'on doive appliquer les mêmes principes : *ubi eadem ratio ibi idem jus;* mais un examen plus approfondi nous montre bientôt que cette assimilation blesserait l'équité déjà compromise par la loi *assiduis*.

En effet le créancier qui traite avec l'homme avant son mariage, sait bien que ses droits pourront être primés par la créance dotale; mais celui qui traite après le mariage croit traiter en connaissance de cause, et il calcule sur le *quantum* de l'actif non absorbé par la créance dotale; il serait, si l'augment de droit était garanti par une hypothèque privilégiée, trompé dans de légitimes espérances, presque frustré d'un droit acquis.

Telle est la raison qui nous engage à ne point appliquer à l'augment de dot les principes de la loi *assiduis*, nous devons du reste reconnaître que les textes sont absoluments muets à cet égard, et que la question est sérieusement controversée.

Il n'est pas possible de croire à un oubli de Justinien, car il s'est occupé avec détail de la garantie de l'augment de dot, et nous pouvons même inférer de la novelle 97, que notre théorie est la véritable.

Sous Justinien la dot et l'augment de dot sont garantis l'un et l'autre par une hypothèque tacite; mais dans la novelle 97, l'empereur exige, pour que l'augment de dot jouisse du même privilége que la dot même, qu'il n'y ait aucune fraude de la part des époux, et que le mari n'ait aucun créancier.

Il faut entendre cette dernière expression en ce sens que les créanciers du mari ne peuvent être lésés par l'augment de dot.

Mais de quels créanciers Justinien veut-il parler? Des créanciers antérieurs au mariage, ou des créanciers postérieurs. Des créanciers postérieurs sans doute, car eux seuls ont dû considérer leur droit comme fixé et pouvaient se considérer comme lésés.

Cependant les créanciers antérieurs au mariage courent un danger sérieux. La femme peut colluder avec son mari à l'effet d'épuiser l'actif par un augment de dot imaginaire. Justinien s'efforce d'obvier au péril en ne permettant à la femme de se constituer un augment mobilier que lorsqu'elle ne possède point d'immeubles.

Quoi qu'il en soit, le système de la loi *assiduis* est désastreux, et l'on ne doit point s'étonner outre mesure que Donneau et Favre aient essayé de lui trouver un autre sens.

Leur argumentation est fort simple, mais malheureusement fort arbitraire; aux termes de la loi *assiduis*, la femme prime les créanciers hypothécaires, *licet temporis privilegio vallati.* Donneau et Favre prétendent que ces derniers mots ne s'appliquent qu'aux créanciers qui tiennent *de la loi* un privilége antérieur, mais non à ceux qui ont obtenu antérieurement au mariage une hypothèque conventionnelle. Cette distinction n'est écrite nulle part, et nous ne saurions l'admettre. Justinien s'est engagé dans un système de protection outrée, et si dangereux que soit ce système, nous sommes obligés de l'accepter. « Assiduis additionibus mulierum inquietati sumus, per quas suas dotes deperditas esse lugebant, et *ab anterioribus creditoribus* substantias maritorum detentas. » Y a-t-il là trace d'une distinction? Non, le texte est formel, aucune subtilité n'en peut éluder la rigueur.

Nous n'aborderons point ici le concours de la femme, avec les créanciers privilégiés, ni le classement des priviléges. C'est une matière qui n'est point parvenue jusqu'à nous dans son entier, et le classement dont nous parlons n'a peut-être été jamais fait par la loi.

Quelques espèces seulement sont indiquées dans le *corpus juris*, nous allons les étudier sommairement.

La loi 12 C. *qui potiores in pignore*, suppose le concours de deux créances dotales, réclamées l'une par les enfants du premier lit, l'autre par la veuve. On suit alors l'ordre des dots : « Duobus enim dotibus ab eadem substantia debitis, ex tempore prærogativam manere volumus. »

Autre espèce indiquée dans la novelle 97. Justinien suppose le concours de la femme avec celui qui a mis ou conservé dans le patrimoine du mari un objet quelconque. En général ce dernier créancier est préféré à tout autre, la femme cependant passe avant lui et la raison qu'en donne Justinien mérite d'être citée :

« Du moment que les courtisanes font fortune par leur inconduite, il ne serait pas juste qu'une honnête femme pût être ruinée par le mariage. »

C'est plus original que juridique. *Quid* du concours de la créance dotale avec les frais funéraires?

« Impensa funeris semper ex hæreditate deducitur quæ etiam omne creditum solet præcedere, cum bona solvendo non sint. » L. 45. D. *de religiosis.*

Mais à l'époque où Mœcianus s'exprimait en ces termes, la femme ne jouissait point d'une hypothèque privilégiée; la question est ramenée à celle-ci : les frais funéraires sont-ils garantis par une hypothèque privilégiée, ou par un *privilegium inter personales actiones ?*

Nous nous rangeons à la première décision qui semble résulter des termes généraux de la loi 45 D. *de religiosis* et aussi de la loi 14, § I, sur la même matière.

Une des questions les plus difficiles à trancher, c'est celle qui se présente lorsque la créance dotale est en concours avec une créance du fisc.

A l'époque d'Auguste le privilége de la femme prime le privilége du fisc. C'est ce que nous voyons dans un rescrit impérial, plus tard Paul nous présente le privilége du fisc primant toute espèce de créances, mais primé sans doute par ce privilége de la femme : « Dotis tuæ potiorem causam magis esse convenit quam reipublicæ, cui posteà idem maritus obnoxius factus est. »

Mais plus tard la législation fiscale se complète et se perfectionne. Ce sont d'abord les agents du trésor qui stipulent à son profit une hypothèque conventionnelle, puis cette hypothèque devient de style et enfin dégénère tout à fait en hypothèque légale à l'époque de Septime Sévère.

Il est certain à ce moment que le *privilegium inter personales actiones* de la femme est primé par l'hypothèque du fisc.

Plus tard quand la femme a elle-même une hypothèque, il faut appliquer la règle *prior tempore potior jure.*

Mais lorsque cette hypothèque devient elle-même privilégiée, on se demande si elle doit primer l'hypothèque du fisc.

Justinien ne se prononce pas à cet égard ; a-t-il innové, n'a-t-il rien changé à la législation précédente ? Il est permis de se ranger à ce dernier parti, si l'on considère que les droits du trésor sont matière d'ordre public et si l'on songe à la fiscalité ordinaire des Césars de Byzance.

Remarquons encore une espèce, qui est plutôt une application des principes de droit commun, qu'une espèce particulière. C'est le cas où une femme libre a épousé un esclave, le croyant libre ; quel sera le sort de l'action *rei uxoriæ?* Elle ne cessera point d'exister, mais elle ne pourra plus être intentée que *de peculio*, comme toutes les actions qui naissent d'un contrat passé par un esclave pour son propre compte; si la femme est en concours avec le maître, elle sera en principe primée par lui en tant que créancier; mais en pratique elle agira comme propriétaire et revendiquera les biens dotaux, et même les choses subrogées réellement aux biens dotaux, *ex dote comparatæ*. (L. 22. § XIII, D. *soluto matrimonio*.)

Nous terminerons cette rapide esquisse par une dernière question.

La femme putative a-t-elle droit aux garanties qui environnent l'action *rei uxoriæ*, peut-elle se servir de cette action?

A la dernière question, nous répondrons : Non. Ulpien est formel sur la matière. « Dotis appellatio non refertur ad ea matrimonia, quæ consistere non possunt; neque enim dos sine matrimonio esse potest. Ubicumque igitur matrimonii nomen non est, nec dos est. »

Partant point d'action, *rei uxoriæ*, l'épouse putative aura recours à une *condictio sine causa*, mais cette action est-elle privilégiée? Au temps des jurisconsultes classiques, il n'est pas douteux que le *privilegium inter personales actiones*, était attaché à cette *condictio*, et il faut en dire autant de la *condictio causa non secuta* par laquelle une fiancée eût pu répéter sa dot si le mariage n'avait point suivi les fiançailles. Paul et Ulpien ne nous laissent pas de doute sur ce point.

Mais à l'époque Justinienne, faut-il appliquer à l'hypothèque privilégiée de la loi *assiduis* ce que nous venons de dire du *privilegium inter personales actiones?* Je ne le pense point, et quelle que soit la raison de décider par analogie, je pense que le silence des constitutions impériales sur ce sujet est plus éloquent que le raisonnement qu'on peut tirer de cette prétendue analogie.

Nous disons « prétendue analogie, » — et en effet n'oublions pas que le motif qui dicta la loi *assiduis*, est bien différent de celui qui avait inspiré la loi Julia. A l'époque d'Auguste, il s'agit de repeupler l'empire, de mettre en honneur les secondes noces, de convier les citoyens au mariage et à la fécondité; c'est la raison d'État qui l'emporte sur toute autre considération.

Sous Justinien, tout est bien changé, Constantinople est la capitale chrétienne de l'empire, le célibat est en honneur, les secondes noces vues avec défaveur : « *generant non fratres sed adversarios,* » dit saint Augustin.

Autres motifs, autres conséquences; on cherche à protéger la femme contre sa propre faiblesse, et pour y parvenir on la place sous l'empire d'une législation *tout exceptionnelle;* par cette raison même on ne saurait étudier les effets de cette législation en dehors de ses termes; le privilége de la dot est de droit strict, il ne peut être invoqué que par les personnes formellement désignées par la loi.

En conséquence nous professons à l'égard de cette hypothèse le système restrictif que nous avons développé plus haut relativement à l'augment de dot.

D. — *Quelles personnes peuvent profiter des priviléges attachés à la restitution de la dot.*

Pour se guider en cette matière, il est à notre avis un *criterium* auquel il faut se référer sans cesse; il faut distinguer avec le plus grand soin les dispositions qui sont d'ordre public et celles qui se réfèrent à un intérêt privé. Les textes nous aideront sans doute dans cette difficile recherche, et pourtant c'est à leur esprit bien plus qu'à leurs termes qu'il faut s'en rapporter.

La femme a eu successivement trois garanties : le *privilegium inter personales actiones,* l'hypothèque tacite sur les biens du mari, enfin l'hypothèque privilégiée de la loi *assiduis.*

Celles de ces garanties qui seront d'ordre public, seront exclusivement personnelles à la femme; celles qui sont inspirées par l'intérêt privé ne lui seront point personnelles et accompagneront en quelques mains qu'elle passe l'action *rei uxoriæ.* Reprenons-les donc par ordre, et examinons-les tour à tour.

1° *Privilegium inter personales actiones.* Ce privilége personnel de l'époque classique, est d'ordre public; il est attaché exclusivement à la personne de la femme : « Propter causam *et personam* potior est mulier... Tribuitur hoc privilegium partim causæ... partim *personæ,* quia non quisquis dotem repetit hoc privilegio utitur, sed mulier duntaxat ut nubere facilius possit. »

Ce passage de Pérézius nous indique l'esprit de la doctrine romaine d'une manière parfaitement claire. Le *privilegium* était exclusivement personnel à la femme.

2° *Hypothèque tacite.* Nous n'en dirons point autant de l'hypothèque tacite; et pour se rendre compte de la pensée de Justinien, il n'est besoin que de lire la loi unique C. *De rei uxoriæ actione.* Justinien se borne à remplacer partout une hypothèque que l'on stipulait d'ordinaire d'une manière expresse comme garantie de la créance dotale par une hypothèque tacite. Ce n'est point à la personne que cette hypothèque est accordée, c'est à la qualité de la créance. — On peut s'en convaincre par la lecture du texte.

Quiconque aura qualité pour agir en remboursement de la dot pourra donc invoquer le bénéfice de l'hypothèque tacite

3° *Hypothèque privilégiée de la loi* ASSIDUIS. Nous ne pourrons pas pour la déclarer exclusivement personnelle à la femme, mettre en avant la raison d'état comme pour le privilége personnel de l'époque classique, mais d'autres raisons nous conduiront à une décision identique.

D'abord, nous pouvons nous convaincre par la lecture de la loi 30 C. *de jure dotium,* et de la loi 12 *qui potiores in pignore* que l'hypothèque privilégiée est accordée à la personne bien plus qu'à la qualité de la créance. Quel est le but de Justinien? sauvegarder les intérêts d'un être faible. Si l'être faible est désintéressé, ce législateur n'a plus à le défendre, il ne s'agit plus de faire prévaloir ces droits sacrés que Justinien appelle *honorabiliora jura*. De plus remarquons qu'à la différence du cas d'hypothèque tacite, nous nous trouvons en matière exceptionnelle, et nous n'aurons pas de peine à nous ranger une fois de plus (voir plus haut) à l'opinion restrictive.

Ici se termine la partie historique de cet opuscule. Nous avons passé en revue les garanties accordées à la femme, dans le but d'obtenir la restitution de la créance dotale, nous étudierons dans le chapitre suivant la manière dont la femme peut disposer de ces garanties, et nous examinerons quelques-uns des éléments de l'étude de droit français, qui forme le point capital de notre travail.

---

§ V.

RENONCIATION DE LA FEMME AUX GARANTIES DOTALES.

A. — Il est une distinction qui se présente naturellement à l'esprit lorsqu'on traite de cette matière ; cette distinction nous l'avons déjà faite plus d'une fois, et c'est ici le lieu de la répéter.

Ou la garantie accordée à la femme est d'ordre public, ou elle présente les caractères d'une convention privée. Dans le premier cas, la femme ne pourra renoncer au bénéfice de la garantie, car les conventions des particuliers ne peuvent déroger aux dispositions d'intérêt général. Dans le second, la femme sera libre de répudier un avantage qu'elle aura librement stipulé, qui lui aura été librement consenti.

Ainsi à l'époque des jurisconsultes, nous savons que la restitution de la dot est garantie par le *privilegium inter personales actiones*, mais que souvent aussi, la femme stipule indépendamment de son privilége, des garanties particulières, telles qu'une hypothèque, une caution ; on peut se demander à quelles garanties la femme a le droit de renoncer : résolvant la question à l'aide des principes énoncés plus haut, nous dirons que la femme peut renoncer à l'hypothèque conventionnelle, mais non pas au *privilegium*.

Une objection se présente cependant à l'esprit. Le S. C. Velléien défend à la femme d'*intercedere ;* et nous savons que, par ce terme général d'*intercessio,* il faut entendre toute espèce d'*expromissio,* d'*adpromissio,* de *mandatum pecuniæ credendæ.* On peut se demander si la renonciation de la femme à l'hypothèque qu'elle a stipulée, ne serait pas un acte d'*intercessio,* tombant sous l'application du S. C. Velléien.

Ulpien tranche la question d'une manière négative : « Quamvis pignoris datio intercessionem faciat, tamen Julianus, lib. XII *Digestorum* scribit, redditionem pignoris, si creditrix mulier rem quam pignori acceperat debitori liberaverit, non esse intercessionem. »

Cela doit s'entendre d'une renonciation purement extinctive. Car sur ce point il importe de ne pas faire de confusion entre les terminologies romaine et française : la renonciation investitive du droit français se présenterait si on l'appliquait au droit romain, avec de tout autres caractères que la renonciation dont nous parlons.

Si la femme voulait subroger un de ses créanciers à elle, à son hypothèque, elle n'aurait qu'à employer le procédé fort simple du *subpignus.*

Voudrait-elle au contraire, subroger un créancier de son mari, elle se heurterait, à notre avis, contre le sénatus-consulte Velléien ; il y aurait là un cas d'*intercessio ;* de même, en autorisant la vente d'immeuble dotal par le mari, elle ne pourrait se porter garante et subroger l'acheteur à son hypothèque, parce qu'il y aurait là, encore, un cas d'*intercessio.*

Ce qu'elle peut faire, c'est une renonciation purement extinctive à l'égard de son mari ; et nous pensons qu'il faudrait faire rentrer, dans la même hypothèse, le cas où le mari, vendant un de ses immeubles, la femme consentirait à le dégrever de son hypothèque.

Au surplus, la faculté accordée à la femme, de se dépouiller pendant le mariage des garanties hypothécaires, est mise hors de doute par plusieurs textes.

Ulpien étudie le cas où la femme achète de son mari le bien que celui-ci avait affecté par hypothèque à la sûreté de la dot : l'hypothèque s'éteint alors par confusion, à moins que la vente ne soit frauduleuse et ne cache une donation entre époux. « Si tibi maritus pignora propter dotem et pecuniam creditam data, non donationis causâ, vendidit, quod bonâ fide gestum est manebit ratum : et si titulus donationis quæsitus ostenditur, atque ideò venditionem irritam esse constabit, jure publico, causam pignorum integram obtinebis. » L. 7, D. *De donat. int. vir et ux.*

Puis c'est Papinien qui exprime en d'autres termes la même idée : « Et si pignus vir uxori vel uxor viro remiserit, verior sententia est, nullam fieri donationem existimantium. » L. D. *quæ id fraudem creditorum*, 42,8.

Puis dans la loi 11 (*ad.* S. C. *Velleianum* 4, 29), qui est une constitution de Philippe. « Etiam constante matrimonio, jus hypothecarum, seu pignorum, marito remitti posse explorati juris est. »

Citons enfin une constitution d'Anastase, très-connue des Romanistes sous le nom de loi *Jubemus.*

« Jubemus licere mulieribus, et pro uno contractu, vel certis contractibus, seu pro unâ vel certis personis, seu rebus, juri hypothecarum sibi competenti per consensum proprium renunciare; quodque ita gestum sit hac auctoritate nostra firmum illibatumque custodiri; ita tamen ut si generaliter tali renunciatione pro uno, ut dictum est, contractu seu certis contractibus, vel ad unam vel ad certas res seu personas consensum proprium accommodantes usæ sunt vel fuerint : eadem renunciatio ad illos contractus et illas res seu personas, quibus consensum proprium accommodaverunt, vel accommodaverint coarctetur, nec aliis quibusdam contractibus, quibus minime mulieres consenserunt, vel consenserint prætendentibus eam opponendi licentiæ præbeatur. His scilicet omnibus, quæ in præsenti per hanc consultissimam legem statuimus ad præteritos nihilominus contractus, pro negotiis et controversiis, necdum transactionibus vel definitivis sententiis, seu alio legitimo modo sopitis locum habituris. » (L. 21, C. ad S. C. Velleianum 4, 29.)

Cette loi met fin à toute espèce de controverse, c'est pour cela que nous l'avons citée *in extenso*.

Résumons donc les idées, dont le développement nous a entraîné peut-être un peu loin; la femme, à l'époque des jurisconsultes, ne peut renoncer à son privilége, parce qu'il est d'ordre public; elle peut au contraire renoncer à l'hypothèque conventionnelle qu'elle s'est fait donner comme garantie de la restitution de sa dot.

Ce que nous venons de dire s'applique tant que dure le mariage; mais une fois le mariage dissous, la femme n'a plus besoin de la protection que la loi lui accordait, elle retrouve la liberté, et peut, en faisant une novation, abdiquer son privilége et faire de sa créance une créance de droit commun.

B. — Il faut maintenant nous placer à l'époque de Justinien, et nous demander à quelles garanties la femme pourra encore renoncer.

La femme, pendant cette période, a une hypothèque privilégiée sur les choses apportées en dot, et sur tous les biens apportés en dot. Guidé par les principes que nous avons posés plus haut, nous distinguerons dans la constitution de Justinien, deux sortes de dispositions : les dispositions d'intérêt privé, et celles dont il a voulu faire une question de principe.

Nous avons déjà dit que l'hypothèque tacite de la femme sur les biens *du mari,* n'est point une disposition d'ordre public, que Justinien n'a fait que supposer une stipulation d'hypothèque qui avait lieu presque toujours dans la pratique. A cette hypothèque, la femme pourra toujours renoncer ; la loi unique C. *De rei uxoriæ* ne laisse à cet égard aucun doute ; dans cette loi où il innove, Justinien déclare formellement que : « La femme ne pourra renoncer à son hypothèque sur ses biens dotaux. » Quant aux biens du mari, il n'en parle point ; la constitution d'Anastase reste donc pleinement en vigueur ; la femme pourra renoncer à son hypothèque sur les biens du mari, et sur les immeubles dotaux livrés au mari sur estimation et devenus à ce titre biens du mari.

Quant aux meubles dotaux dont il n'est point question dans les deux constitutions, nous conclurons *à fortiori,* que la femme pouvait renoncer à l'hypothèque dont ils étaient grevés.

Tel est le système que l'on peut dégager, non sans difficultés, de l'examen des textes; système qui rend moins redoutable aux intérêts des tiers la législation trop protectrice de Justinien, mais qui effraya beaucoup des anciens commentateurs, par cela même qu'il semblait corriger la tendance dangereuse de la législation Justinienne.

Nous jetterons bientôt un coup d'œil sommaire sur cette doctrine des anciens maîtres, doctrine qui, chose assez étrange, semble radicale par timidité.

Mais ce qui ressort, sans conteste, des diverses constitutions que l'on trouve au Code, c'est l'indisponibilité absolue du fonds dotal, *fundus proprie dotalis.*

Au dire de Bartole, la femme ne peut renoncer à son hypothèque, qu'à la condition que cela ne lui portera point préjudice.

Idée que le président Favre a paraphrasée — nous traduisons : — « Si, après que la femme a fait remise de l'hypothèque, le mari devient insolvable, si bien qu'à l'époque où il doit remplir la femme de sa dot, il ne puisse lui en payer l'intégrité, il est conforme à l'humanité de considérer comme nulle *ab initio,* la remise de l'hypothèque qui menace la dot, contrairement aux règles du droit civil, règles qui s'accordent toutes à désapprouver de semblables conventions, et surtout celles qui ont lieu pendant le mariage, de peur que, par son imprudente facilité, la femme ne compromette ses intérêts. »

Et, à ce sujet, les commentateurs n'épargnent point ces bribes de texte que leur généralité a fait passer à l'état de brocards : « Dotium causa semper et ubique præcipua est. » — « Causa dotis pacto deterior fieri non potest. » — « Dotem nullo modo minui sinimus. » Armes dangereuses qui substituent certaines vues d'ensemble à l'intention vraie du législateur, déduite de la traduction exacte des textes, et auxquelles on peut toujours répondre par cet autre brocard : « *Generalibus per specialia derogatur.* »

Remarquons une fois pour toutes, que ces atténuations du système que nous avons soutenu, et que les anciens commentateurs n'attaquent point en principe, ont pour effet de le détruire complétement.

Comment ne pas sentir l'inconséquence et le danger de cette théorie, ne pas voir qu'elle transforme la renonciation de la femme à l'hypothèque, en un mensonge, en une fraude, qui peut égarer les tiers, et qui ne leur sera *jamais utile ?*

Car de deux choses l'une : le mari est solvable ou il ne l'est pas. S'il est solvable, les tiers n'ont que faire de la renonciation de la femme ; s'il ne l'est pas, cette renonciation est nulle *ab initio.* Les tiers y gagneront-ils quelque chose ?

La loi *assiduis* ne peut rien faire préjuger en cette matière, parce que la loi *assiduis ne modifie pas la capacité de la femme.* Sans doute cette liberté répugne au système de la dotalité à outrance; mais il en est exactement de même dans notre droit français. La renonciation de la femme à son hypothèque légale au profit d'un tiers, ce que nous appelons la subrogation à l'hypothèque de la femme, répugne à l'esprit de notre Code; elle existe cependant, et l'on ne peut trouver aucune disposition de la loi qui la prohibe.

Toutes les fois que la femme ne tombera pas sous l'application du S. C. Velléien, elle pourra disposer des garanties dotales, à moins que la loi ne lui en ait formellement refusé la faculté.

C. — La renonciation de la femme peut être expresse ou tacite; elle sera tacite toutes les fois que la femme consentira à ce que le mari vende, échange, donne ou constitue en dot un immeuble sur lequel elle a hypothèque.

Ce n'est que l'application d'un principe général: « *Creditor qui permittit rem venire pignus dimittit.* » L. 158 D. *De regulis juris.*

Ulpien l'a paraphrasé en ces termes:

« Si in venditione pignoris consenserit creditor vel ut debitor hanc rem permutet, vel donet, vel in dotem det, dicendum est pignus liberari, nisi salvâ causâ pignoris sui consensit, vel venditioni, vel cæteris... »

Et Marcien décide que la femme doit être réputée renonçante, lorsqu'elle consent à ce que l'immeuble soit hypothécairement affecté au profit d'un tiers. C'est à notre avis une décision audacieuse, et il serait peut-être dangereux d'en faire une présomption légale.

Le consentement de la femme se présume parfois, bien qu'il n'ait pas été formellement exprimé. Si par exemple la femme avait apposé sa signature à *l'instrumentum* de la vente faite par son mari.

D. — Il nous reste encore un mot à dire sur l'effet de la renonciation; nous avons déclaré plus haut qu'elle était purement extinctive de l'hypothèque : mais nous ne pouvons passer sous silence, le texte suivant de Marcien : « Erit autem facti quæstio agitanda, quid inter eas actum sit : utrum ut discedatur ab hypotheca in totum, cum prior concessit creditor alii obligari hypothecam, an ut ordo servetur et prior creditor secundo loco constituatur. »

Ce texte semble donner à la renonciation du créancier antérieur en date à son hypothèque, un caractère subrogatif; je ne crois pas qu'il faille à tel point s'en effrayer; à notre avis, Marcien envisage l'hypothèse la plus simple : celui qui renonce à l'hypothèque, et celui en faveur duquel la renonciation a lieu; il ne s'agirait point d'une renonciation subrogative, mais simplement d'une renonciation au rang, prise au point de vue le moins compliqué; il faudrait pour développer la pensée de Marcien, ajouter que les rapports des divers créanciers hypothécaires entre eux, ne seraient point modifiés, et que le créancier renonçant, serait colloqué hypothécairement après ce dernier; ce qui n'arriverait point, si au lieu d'une simple renonciation, il avait fait une renonciation à l'hypothèque.

La question de fait dont parle Marcien, c'est justement de savoir laquelle des deux renonciations le créancier a voulu faire.

Et dans ce système, le texte de Paul que l'on cite ordinairement comme en contradiction avec celui de Marcien, n'en serait au contraire que le développement logique.

« Paulus respondit Sempronium antiquiorem creditorem cum debitor eamdem rem tertio creditori obligaret, jus suum pignoris remisisse videri, non etiam tertium in locum ejus successisse, et ideò medii creditoris meliorem causam esse effectam. Idem observandum est, et si respublica tertio loco crediderit. »

Complétons les deux textes l'un par l'autre, mais n'y cherchons point une contradiction qui est fort loin d'être frappante et que pour ma part je ne puis y voir.

Les juristes qui soutiennent l'opinion contraire, s'en tirent à l'aide d'un brocard : « *Res inter alios acta aliis nec nocet nec prodest.* » Nous avons déjà protesté contre cette catégorie d'arguments ; quoi qu'en puissent dire tous les brocards en usage, une convention passée entre deux personnes sera utile à un tiers, si la force des choses le veut ainsi.

Remarquons encore une chose, c'est que lors même que Marcien eût voulu clairement désigner une renonciation subrogative, il ne s'en suivrait nullement que son texte fût en désaccord avec celui de Paul ; cela prouverait tout au plus que ces deux espèces de renonciations, ou pour nous exprimer plus clairement, que la renonciation et la subrogation co-existaient en droit romain.

Ici s'arrête notre étude; nous l'avons dégagée autant que possible des détails accessoires qui en eussent retardé la marche, mais qui, lorsque l'on parcourt les textes, sollicitent à chaque instant l'attention; notre doctrine étant ainsi établie, nous allons nous efforcer de la résumer en quelques mots.

RÉSUMÉ ET POSITIONS.

I. L'histoire des garanties dotales se divise en quatre périodes : la période républicaine, l'époque classique, l'époque transitoire, la période Justinienne.

II. Pendant la période classique, les garanties dotales sont la prohibition de la loi Julia, les *cautiones rei uxoriæ*. Deux actions sont ouvertes à la femme pour la répétition de sa dot, l'action *rei uxoriæ* et l'action *ex stipulatu*.

III. La période transitoire ajoute à ces garanties le *privilegium inter personales actiones*.

IV. Justinien accorde successivement à la femme plusieurs garanties, et enfin l'hypothèque privilégiée de la loi *assiduis*.

V. Le privilége de la loi *assiduis* n'est pas applicable à l'augment de dot.

VI. Celle qui épouse un esclave peut agir *de peculio* par l'action *rei uxoriæ*.

VII. La fiancée et l'épouse putative ne jouissent pas du privilége de la loi *assiduis*.

VIII. Parmi les garanties dotales, celles qui sont d'ordre public ne peuvent être invoquées que par la femme.

IX. De même, la femme ne peut renoncer à celles de ces garanties qui sont d'ordre public, elle peut renoncer aux autres. Erreur des anciens commentateurs. (Bartole, Favre.)

X. La renonciation de la femme peut être expresse ou tacite.

XI. La renonciation de la femme est purement extinctive.

XII. Il n'y a pas à cet égard de contradiction entre Paul et Marcien.

XIII. La renonciation de la femme peut être expresse ou tacite.

DEUXIÈME PARTIE

DROIT FRANÇAIS

De la transmission active de l'hypothèque.

DE LA TRANSMISSION ACTIVE
DE L'HYPOTHÈQUE.

I.

Prolégomènes.

Avant d'entrer dans aucune discussion sur la matière, nous croyons devoir la circonscrire et définir avec soin les limites et le but de cet opuscule.

Il arrive tous les jours dans la pratique que l'action hypothécaire est intentée par un autre que par celui auquel l'hypothèque a été consentie par le débiteur ou conférée par la loi, soit que la garantie détachée de l'action qu'elle protégeait d'abord se soit attachée à une action nouvelle et ait passé d'une main dans une autre, soit qu'elle ait suivi entre les mains d'un nouveau créancier la créance transportée par l'effet d'une cession.

C'est là le double phénomène juridique que nous devons analyser : 1° dans les causes, 2° dans les circonstances qui le produisent ou l'accompagnent, 3° dans ses effets.

Mais observons dès le principe que nous ne traiterons *in extenso* que du premier aspect sous lequel se présente le changement de main de l'hypothèque, et que les principes de la transmission de créance hypothécaire, se référant d'une manière exacte aux principes de cessions de créances ordinaires, et plus particulièrement à la disposition de l'article 1492, nous ne pouvons donner place à leur exposition dans un travail aussi restreint.

Le nom à donner aux opérations qui nous préoccupent étant très-contesté par les divers auteurs, nous les désignerons sous le nom général de transmission active de l'hypothèque, qui peut à notre avis s'appliquer à tous les cas, sans engager à l'avance la doctrine que nous nous proposons de soutenir.

Il y a pour nous transmission active d'hypothèque toutes les fois que l'action hypothécaire est exercée par une personne qui n'est ni le créancier primitif ni son ayant cause universel.

Suivant le plan que nous avons indiqué plus haut, nous étudierons d'abord les causes de la transmission active de l'hypothèque.

SECTION I.

LES CAUSES, LA NATURE DE LA SUBROGATION.

§ I. — *Causes et origine.*

A. Comme l'a dit M. Beudant dans de remarquables articles auxquels nous ferons plus d'un emprunt, la transmission de l'hypothèque, au moins dans le cas où elle s'applique le plus fréquemment (renonciation de la femme mariée à son hypothèque légale), est devenue de style. Et pourquoi ?

Parce qu'elle répond aux besoins d'une société qui cherche partout des moyens de crédit et qui n'en a pas assez à sa disposition. Il y a dans notre législation une lacune. On se demande si elle a été ou non comblée par la loi du 23 mars 1855 ; il serait à souhaiter qu'une nouvelle loi vînt régler la matière.

B. L'origine de la subrogation à l'hypothèque (c'est le nom inexact que l'on donne généralement à l'opération) est facile à trouver dans le *subpignus* et le *pignus nominis* des Romains, espèce de gage ou d'hypothèque dont l'objet est un gage ou une créance.

Il y avait à Rome *pignus pignoris* ou *subpignus* (nous l'avons dit dans notre étude sur le droit romain) lorsqu'un créancier gagiste donnait à son propre créancier en gage le gage même qu'il avait reçu ; si le premier débiteur libérait son gage, le droit de gage du second créancier s'éteignait en même temps que les droits du premier.

Quant au *pignus nominis*, c'était la remise à titre de gage du titre d'une créance, à l'effet pour le créancier gagiste d'en percevoir l'émolument jusqu'à concurrence de ce qui lui était dû.

Lorsque la remise effective ne fut plus nécessaire pour faire acquérir au créancier un droit réel, lorsque le gage devint une hypothèque, le *subpignus* fut l'hypothèque sur l'hypothèque, et le *pignus nominis* l'hypothèque sur la créance.

D'après l'ancienne pratique française, les créanciers faisaient valoir leurs droits sur les créances hypothécaires de leur débiteur au moyen de ce qu'on appelait les oppositions en sous-ordre.

« Le sous-ordre, dit Pothier, est l'ordre dans lequel la somme pour laquelle un créancier a été colloqué utilement est distribuée entre les créanciers de ce créancier. »

Voilà la collocation en sous-ordre définie quant à ses effets, mais non pas quant à sa nature.

Est-elle l'exercice d'un droit personnel ou d'un droit réel?

La difficulté ne se présente point dans les coutumes qui admettent l'hypothèque sur les meubles, comme par exemple la coutume de Normandie : « Toutes sortes de biens peuvent être hypothéquées. » (Basnage.) Il en résulte dans ces coutumes que les créanciers hypothécaires font valoir leur droit de préférence sur l'émolument des créances, au même titre que sur tout autre objet rentrant dans le patrimoine du débiteur.

C'est dans les provinces dont la coutume n'admet point l'hypothèque des meubles que la question des sous-ordres est énergiquement débattue. Le Parlement de Paris admet que les créanciers pourvus d'une hypothèque générale (ce qui est le cas le plus ordinaire dans l'ancien droit) doivent être colloqués dans l'ordre de leurs hypothèques sur les émoluments des créances hypothécaires de leur débiteur.

Assurément, cette décision n'est pas logique ; il faut de deux choses l'une : considérer l'hypothèque comme susceptible d'hypothèque, ou alors la ranger dans la même classe que les meubles et l'affecter à la garantie de la masse chirographaire. Bourjon, qui se range à la décision de Paris, est cependant touché de cette idée et avoue que l'opinion contraire est plus commune, que la généralité pense « que l'ordre de saisie doit prévaloir sur l'ordre d'hypothèque. »

Le principe réclamé par la logique est formulé par Denizart. Parlant de la distribution de l'émolument d'une créance hypothécaire entre les créanciers du créancier, il dit : « Ce n'est plus un ordre qu'il faut faire, c'est une contribution. »

Cela est rigoureusement vrai dans tous les pays où l'hypothèque ne sera pas classée comme immeuble susceptible d'hypothèque, le sous-ordre ne sera qu'une heureuse violation des principes.

Il répond à un besoin social, avons-nous dit. Aussi Pothier arrive-t-il à admettre le sous-ordre par une distinction ingénieuse.

Il sépare l'hypothèque de la créance, le droit personnel du droit réel; l'un ne sera pas hypothécable, la créance; l'autre, véritable démembrement de propriété (c'est Pothier qui parle), ne sera pas à proprement parler susceptible d'hypothèque, mais susceptible d'être l'objet de collocations en sous-ordre, ce qui revient exactement au même. Les créanciers pourvus d'une hypothèque générale sont donc colloqués par rang d'hypothèque sur l'émolument de la créance de leur débiteur.

Pothier admet les sous-ordres comme résultant de la déclaration du 30 décembre 1681.

Les sous-ordres sont admis dans la loi du 9 messidor an III (art. 90).

L'article 775 du Code de procédure a tranché la question en reproduisant l'opinion de Denizart : à partir de sa promulgation, le sous-ordre est devenu illégal. C'est là le point de départ de la période dans laquelle nous vivons aujourd'hui et dont nous allons examiner sommairement le caractère.

Deux principes nouveaux se sont introduits dans notre

droit : le principe de la spécialité de l'hypothèque, l'illégalité des sous-ordres.

Désormais, un moyen de crédit fait défaut, et aussitôt on cherche à le remplacer. Le créancier qui voudra garder pour lui seul l'émolument de la créance de son débiteur, ou tout au moins être colloqué avant tous autres sur l'émolument de cette créance, aura recours à la subrogation à l'hypothèque.

---

§ II. — *Nature de la subrogation à l'hypothèque.*

La subrogation à l'hypothèque n'est nulle part définie dans la loi, et il serait extraordinaire qu'elle le fût, car la loi ne définit point d'ordinaire les moyens de la tourner.

Le mot *subrogation* exprime l'idée de la substitution éventuelle d'un créancier à un autre créancier privilégié ou hypothécaire, à l'effet d'exercer pour le recouvrement de sa propre créance les droits hypothécaires ou privilégiés de ce dernier (Aubry et Rau).

On est assez d'accord sur ce résultat et sur les conséquences suivantes :

1° L'hypothèque est déplacée, mais non pas éteinte ; le bénéfice en est transporté à un tiers ;

2° Le créancier n'abdique pas ses droits : il renonce seulement à s'en prévaloir au préjudice du cessionnaire ;

3° Le créancier hypothécaire ne transmet ses droits que dans la mesure où il pourrait les exercer lui-même.

Mais si l'on s'entend assez bien sur les résultats de l'opération, on n'est point d'accord sur la nature même de l'opération.

Quatre systèmes sont proposés :

1° C'est une mise en gage de la créance hypothécaire ;

2° C'est une *datio in solutum*, dont l'objet est la créance garantie par l'hypothèque ;

3° C'est un transport-cession de la créance hypothécaire ;

4° C'est, et telle est notre opinion, un transport des garanties hypothécaires qui ne déplace point la créance, et nous sommes bien près de le dire, c'est une hypothèque sur une hypothèque.

Ce n'est pas, quoi qu'en dise M. Benech, une pure question théorique, car s'il y avait transport-cession de créance hypothécaire, il faudrait une signification ou une acceptation authentique du cédé pour que le transport fût réputé accompli à l'égard des tiers.

En second lieu, si la cession portait sur la créance même, le cessionnaire aurait la plénitude des droits du cédant et acquerrait en même temps l'action personnelle qui atteindrait même les meubles.

D'un autre côté, s'il y avait transport-cession, le cédant ne pourrait plus modifier sa créance en acceptant un payement, une *datio in solutum*, un remploi (dans l'hypothèse la plus habituelle). La compensation opérée du chef du cédant cesserait d'être opposable au cessionnaire. La question est donc grave; mais il est trop difficile de la discuter en restant dans le domaine des abstractions. Aussi l'appliquerons-nous immédiatement au cas le plus fréquent, c'est-à-dire à la renonciation de la femme à son hypothèque légale.

---

§ III. — *Renonciation de la femme à son hypothèque légale.*

C'est là l'application la plus fréquente de ce qu'on appelle la subrogation à l'hypothèque.

Nous répétions tout à l'heure, après M. Beudant, qu'elle était devenue de style. Nous conviendrons avec lui qu'elle est cependant contraire à l'esprit général de notre législation, puisqu'elle détourne l'hypothèque légale de la femme du but pour lequel elle a été instituée.

M. Laferrière disait en 1848 : « L'hypothèque légale de la femme est établie dans l'intérêt sacré de la famille. Elle doit être attachée exclusivement à cet intérêt et il doit être défendu à la femme d'en faire la cession à un tiers sous quelque prétexte que ce soit. »

Malgré cela, la femme mariée conservant la faculté de s'engager avec l'autorisation de son mari (art. 217), la subrogation à l'hypothèque était la conséquence inévitable de cette liberté, qui s'affirmait dans l'article 1431 et entraînait toutes les conséquences qui découlent de l'article 2092.

Ainsi, la subrogation à l'hypothèque légale de la femme échappe à la loi, qu'elle évite sans la violer; nous allons en étudier la nature.

A. Reprenons donc les quatre systèmes énoncés plus haut.

L'opération, demandions-nous d'abord, porte-t-elle sur l'hypothèque ou sur la créance hypothécaire?

Sur trois facultés consultées en 1843 sur cette question, Caen, Rennes, Strasbourg, une seule, la faculté de Rennes, affirmait qu'il n'y avait qu'un déplacement de l'hypothèque et que la créance ne changeait pas de main.

Deux des systèmes actuellement professés sont le développement de la doctrine des facultés de Caen et de Strasbourg : ce sont ceux qui considèrent l'opération comme un transport-cession de la créance ou comme une *datio in solutum* ayant pour objet la créance garantie par l'hypothèque.

Un peut passer pour un système intermédiaire : celui qui considère la subrogation comme une mise en gage de la créance hypothécaire.

Un enfin, complétement radical, nous semble être la doctrine de la faculté de Rennes poussée à ses dernières conséquences : c'est celui qui considère la subrogation comme la constitution d'une hypothèque sur une hypothèque.

Étudions d'abord le premier système, celui qui suppose un transport-cession.

Il part surtout de ce principe que l'hypothèque ne peut pas être l'objet d'une transmission directe et principale, qu'elle ne peut pas se détacher de la créance qu'elle garantit pour accéder à une nouvelle créance dans les limites de la créance primitive. « Elle périrait en route, a dit un auteur. » — « L'hypothèque, affirme M. Bertauld, est une qualité qui ne peut, sans s'évanouir, être séparée de la créance qui en fait le sujet, elle ne vit pas d'une vie à elle propre, elle ne peut donc point faire à elle seule l'objet d'un contrat. »

Ce ne sont pas les mêmes mots. C'est, je crois, au fond la même idée.

Les Romains faisaient dans le principe le même raisonnement relativement aux cessions de créance ; mais, esprits pratiques avant tout, ils inventèrent le *procurator in rem suam*, et dans l'application mirent à néant la subtilité de leur doctrine. Ces discussions un peu trop scolastiques ne sont plus dans l'esprit de notre Code et de notre temps.

Le principe posé par M. Bertauld n'est donc en somme qu'une affirmation, et le grand argument dont se sert l'éminent professeur pour soutenir sa théorie est une arme fragile qui se brise dans ses mains.

M. Bertauld se demande comment une hypothèque garantissant une créance de vingt mille francs peut accéder à une obligation soit de dix mille, soit de trente mille; et il part de là pour conclure à l'absurdité du système de ses adversaires. Il ne remarque point que ces derniers ont toujours posé en principe que le créancier hypothécaire ne transmet ses droits que dans la mesure où il pourrait les exercer lui-même.

Ainsi, la théorie de ceux qui prétendent que l'hypothèque peut se transmettre indépendamment de la créance n'est ni absurde ni contraire aux principes. Reste à savoir si elle est légale; il semble bien que la loi du 23 mars 1855 l'a envisagée comme telle :

« Dans les cas où les femmes peuvent céder leur hypothèque légale ou y renoncer, cette cession ou cette renonciation doit être faite par acte authentique, et les cessionnaires n'en sont saisis à l'égard des tiers que par l'inscription de cette hypothèque prise à leur profit, ou par la mention de la subrogation en marge de l'inscription préexistante.

« Les dates des inscriptions ou mentions déterminent l'ordre dans lequel ceux qui ont obtenu des cessions ou renonciations exerceront les droits hypothécaires de la femme. »

Il semble bien que cet article n'envisage point le transport d'une créance hypothécaire : il parle de cession d'hypothèque. Il semble même les assimiler aux renonciations, et nous ferons connaître des cas de renonciation où il est impossible de trouver le moindre germe de transport de créance (renonciations au rang); la loi n'a point, à notre avis, songé au transport de créance.

Lorsqu'en 1849 le gouvernement proposa un projet de loi pour réformer les articles 2127 et 2139, il n'y avait point de doute, le projet considérait comme possible et devant être adoptée, la transmission principale de l'hypothèque.

Il n'en faut pas d'autre preuve que les contre-projets du Conseil d'État, qui affirmèrent la doctrine contraire.

M. Bertauld a soutenu que la loi de 1855 n'avait point tranché la question. Le texte de lui que nous citions plus haut est postérieur à cette loi. Mais comment admettre qu'on ait laissé pendante, ou plutôt escamoté, une question si débattue, alors qu'on avait en main tous les documents de la discussion de 1849, et notamment les rapports de M. de Belleyme, de M. de Vatimesnil, de M. Bethmont, de M. Persil surtout?

M. Mourlon, après avoir longtemps soutenu la doctrine du transport-cession, s'est aujourd'hui rallié à l'opinion contraire, sauf une restriction que nous ferons connaître plus bas.

Pour nous, la loi de 1855, article 9, admet la cession directe et principale de l'hypothèque.

Conséquence de ce principe : il n'est besoin ni de cession ni de signification; la créance de la femme peut subir de son chef des modifications postérieures à la subrogation.

Quant à la *datio in solutum*, ce n'est, je pense, que l'application du système précédent au cas où le cessionnaire de l'hypothèque serait un créancier de la femme; ce n'est pas, en somme, un système à part.

2e Système : C'est celui qui consiste à faire de la subrogation une mise en gage de la créance hypothécaire, il se rattache au précédent en ce sens que comme lui il suppose la créance et l'hypothèque remises ensemble entre les mains de son créancier; il en diffère en ce qu'il suppose la propriété de la créance demeurant entre les mains du créancier hypothécaire; il est un acheminement vers notre système, puisque qui dit gage, dit pensée mère de l'hypothèque, et qu'il n'y a entre les deux choses qu'une seule différence, la détention de l'objet affecté à la garantie.

A notre point de vue, il n'y a pas nantissement, parce qu'il faut pour qu'il y ait nantissement, que l'on ait satisfait aux prescriptions des articles 2074 et 2075; parce que la loi du 21-23 mars 1855 est applicable non pas à la matière du nantissement, mais à une matière voisine, celle de l'hypothèque (M. Léveillé, prof. agrégé à la fac. de Paris).

Nous irons donc jusqu'au bout, et nous dirons que la subrogation à l'hypothèque légale, telle qu'elle est organisée par l'article 9 de la loi du 21-23 mars 1855, est un droit sans nom qui tend à être l'hypothèque constituée sur une hypothèque.

Sans doute, l'article 2118 est limitatif, sans doute il n'a pas classé l'hypothèque parmi les biens susceptibles d'hypothèque; mais l'article 2118 a fait son temps, puisque depuis de longues années les besoins de la pratique ont fourni le moyen de lui échapper, puisque la loi de 1855 a sanctionné cette pratique et lui a ôté tout caractère d'illégalité.

Du reste, il n'est pas de l'essence de l'hypothèque de ne porter que sur des immeubles; elle peut être constituée sur toute garantie fixe et stable.

Qu'on n'hypothèque pas les meubles sous l'empire d'une législation qui exige la publicité de l'hypothèque, cela se comprend : les meubles n'ont pas de situation; il n'en est pas de même de l'hypothèque.

« La subrogation à l'hypothèque légale n'est qu'une sorte de cautionnement réel ou nantissement *sui generis*, qui sans investir le subrogé soit de la propriété de la créance du subrogeant ou de l'hypothèque qui la garantit, l'autorise à exercer dans la mesure de sa propre créance les droits hypothécaires de son débiteur. » (Aubry et Rau.)

Ce n'est pas tout à fait l'hypothèque sur une hypothèque, mais c'en est bien près.

Il faut cependant nous arrêter à la limite de cette théorie. L'hypothèque ne peut pas être vendue aux enchères puisque l'article 2118 et l'article 2204 ne le permettent point; mais c'est un pas que la loi seule peut franchir.

Qu'elle le fasse et il ne sera pas plus étrange de voir l'hypothèque frapper sur une hypothèque, que de la voir atteindre, avant la loi de 1863, les actions des canaux d'Orléans et du Loing, depuis cette loi les actions des canaux du Midi.

Rien ne sert d'éviter un mot, si l'idée qu'il exprime est bonne et pratique.

En résumé, la subrogation à l'hypothèque légale n'est ni une transmission de créance hypothécaire, ni un nantissement; c'est un droit *sui generis*, droit sans nom plus voisin de l'hypothèque que de tout autre droit; il semble identique au *subpignus* romain dont nous avons parlé dans la *première partie* de notre travail.

---

§ IV. — *Autres distinctions — Au profit de qui peut avoir lieu sa renonciation.*

Nous venons d'envisager le cas le plus fréquent de subrogation à l'hypothèque, nous en avons étudié les caractères, une chose frappe dans cette théorie, c'est que le mot de subrogation y est rarement employé; celui qui revient sans cesse est le mot de renonciation à l'hypothèque légale.

Il semblerait que le mot de renonciation dût être appliqué à une autre opération purement extinctive de l'hypothèque, il n'en est rien; dans la pratique à laquelle nous empruntons tous les éléments de cette discussion, il est reconnu que lorsque la femme déclare renoncer à son hypothèque légale, cette renonciation est *investitive* et *désinvestitive* de l'hypothèque à l'égard du tiers au profit duquel est consentie la renonciation.

Pour nous rendre compte de l'idée qui est exprimée par ces mots, passons en revue les diverses hypothèses dans lesquelles il pourrait y avoir lieu à la renonciation à l'hypothèque.

1° Ou la femme renonce à son hypothèque en faveur d'un de ses créanciers personnels.

2° Ou elle voudrait renoncer en faveur du mari.

3° Ou elle renonce en faveur d'un des créanciers du mari.

4° Ou elle renonce en faveur d'un tiers qui n'est créancier ni d'elle ni de son mari. (M. Beudant.)

Quant à la renonciation de la femme en faveur d'un de ses créanciers personnels, il est difficile de la comprendre autrement que comme une cession mal qualifiée, car si elle était purement extinctive, je ne vois pas l'intérêt qu'aurait le créancier à perdre les bénéfices de la garantie commune.

La renonciation en faveur du mari est défendue par les articles 2140 et 2144; c'est là sans doute une des sages prohibitions qui découlent de l'esprit de la loi Julia, et que notre Code a bien fait d'emprunter.

Reste la renonciation en faveur d'un créancier du mari. Les praticiens les considèrent toujours comme investitives.

C'est à notre avis une extension forcée de l'article 1166, et un abus étrange du mot renonciation;

que la pratique voie dans la renonciation une cession mal qualifiée, on peut l'admettre; mais de là à poser en principe que cette cession doit être présumée, nous trouvons qu'il y a encore loin; c'est déjà s'avancer beaucoup que d'admettre la subrogation, mais il n'est pas possible de faire autrement. La loi a laissé la porte ouverte, la pratique a passé; mais ce n'est pas une raison pour établir une présomption qui force le sens des mots.

Quoi qu'il en soit, la pratique est invariable, mais il n'en faut tirer aucun principe juridiquement logique, il faut supposer que le mot *renonciation* n'est pas plus exact que tous ceux que l'on emploie dans cette matière non réglementée.

Ainsi nous croyons que toutes les fois qu'il y aura doute et cela n'arrivera guère puisque la clause est devenue de style, il faudra considérer la renonciation comme purement privative.

Quant à l'argument que l'on tire de l'article 9 de la loi de 1855, il n'est pas concluant; on peut aussi bien dire que la loi a distingué les renonciations et les cessions d'hypothèques que prétendre qu'elle les a assimilées.

Théoriquement la renonciation pure et simple de la femme à son hypothèque ne devrait être que privative; pratiquement on l'a rendue investitive et il y a gros à parier qu'une partie serait frustrée si elle n'était pas mise dans la situation d'un cessionnaire.

C'est donc une matière qui appelle impérieusement la réglementation.

Quant à l'intérêt de la question nous l'étudierons dans la troisième partie de notre travail aux effets de la subrogation.

Quant au dernier cas de renonciation au profit d'un tiers qui n'est ni le créancier du mari, ni le créancier de la femme, nous pensons qu'il faut le faire rentrer dans le précédent, car si le tiers n'est pas tout au moins créancier éventuel de l'un des époux, il n'aurait aucun moyen de faire valoir l'hypothèque à laquelle il se trouverait subrogé.

SECTION II.

DES CIRCONSTANCES QUI PRODUISENT OU ACCOMPAGNENT LA SUBROGATION A L'HYPOTHÈQUE.

§ I. — *Capacité de la femme.*

A. — En thèse générale la femme est capable de subroger à son hypothèque; cela résulte de l'article **217.** Mais cette question est débattue lorsque la femme est mariée sous le régime dotal; ceux qui soutiennent avec la Cour de cassation que la dot mobilière est inaliénable, prétendant que la femme mariée sous le régime dotal ne peut subroger personne à son hypothèque légale, parce qu'au cas où le mari serait insolvable, la femme primée désormais par le créancier subrogé pourrait ne pas rentrer dans le montant intégral de sa dot.

Pour nous nous adoptons le système contraire; mais comme nous ne saurions le faire entrer dans le cadre étroit de cet opuscule, nous nous en référons simplement aux principes sur la matière qui sont énoncés par les traités de droit dans le sens de l'aliénabilité.

B. — L'effet de la subrogation demeure subordonné à la double condition que la femme se trouve au moment où il s'agira de la faire valoir créancière du mari, et que son hypothèque ait été conservée.

D'un autre côté la subrogation consentie en faveur d'un créancier qui a de son propre chef une hypothèque spéciale ou générale sur les biens du mari, est indépendante de la conservation de cette hypothèque. La péremption de l'inscription personnelle du créancier et la perte même de son hypothèque n'empêcherait pas qu'il pût faire valoir la subrogation.

Développons ces deux principes : on comprend qu'il est nécessaire que la femme ait une hypothèque pour qu'elle puisse la céder : *Nemo dat quod non habet.* On comprend encore que, pour la même raison, il faut que cette hypothèque existe encore, qu'elle n'ait pas été éteinte par exemple par les formalités de la purge légale.

La femme n'a-t-elle d'hypothèque qu'autant qu'elle est créancière de son mari?

C'est, je pense, aller trop loin, il faut dire que la femme possède une hypothèque sous la condition suspensive qu'elle sera créancière, et sous la condition résolutoire que l'hypothèque aura été éteinte. C'est ce droit tel quel, droit virtuel, si j'ose m'exprimer ainsi, que la femme cède au créancier qu'elle subroge, et que celui-ci fera valoir tel qu'il se serait comporté entre les mains de la femme. Si à la dissolution du mariage, la femme est débitrice au lieu d'être créancière, il est bien entendu que le cessionnaire de l'hypothèque ne pourra prétendre aucun droit.

Le second principe n'a pas l'air moins évident; si nous admettons, comme nous sommes forcés de le faire, que la renonciation de la femme est *investitive*, il faut bien en conclure que lorsque la renonciation a lieu au profit d'un créancier hypothécaire, celui-ci n'a pas besoin de conserver son hypothèque propre pour exercer celle qu'il tient du chef de la femme.

Si la Cour de Paris a admis la doctrine contraire (24 août 53), c'est qu'elle est partie de l'idée que la renonciation de la femme était purement *abdicative*, et n'avait d'autre effet que de placer au premier rang, à côté d'elle, le créancier en faveur duquel elle renonçait.

En résumé, deux qualités de la femme sont nécessaires, pour qu'elle puisse consentir une renonciation : 1° Qu'elle soit capable de renoncer. — 2° Qu'elle soit créancière au moment où peut s'exercer l'action hypothécaire.

---

§ II. — *Renonciations expresses et tacites.*

MM. Aubry et Rau admettent que la renonciation de la femme peut être expresse ou tacite : elle serait tacite toutes les fois que la femme se serait engagée solidairement avec son mari, aurait concouru à la vente d'un de ses propres, etc.; en un mot, qu'elle serait tenue elle-même, vis-à-vis du créancier du mari.

Nous repoussons absolument les subrogations tacites : une femme ne peut subroger un tiers à son hypothèque légale, que d'une manière expresse, et l'on ne pourra inférer cette subrogation d'aucun acte où elle ne sera pas explicitement mentionnée, lors même que cet acte serait fait en la forme authentique et aurait été rendu public.

La question ne présente d'intérêt sérieux que lorsque la femme étant insolvable, les créanciers voient leur droit réduit à un dividende. Pourquoi, dans ce cas, accorder un droit de préférence à des créanciers qui n'en ont expressément stipulé aucun; et si la renonciation à l'hypothèque est de style, n'est-ce pas une raison de plus de décider que lorsque la clause n'a pas été insérée au contrat, il faut présumer que cette renonciation n'a point été dans la pensée de la femme, et qu'elle n'a point cru que l'acte qu'elle faisait, entraînait cette conséquence? La femme manque d'expérience de liberté; plus que tout autre, elle est exposée à s'obliger dans l'intérêt de son mari sans connaissance de cause; la loi a sauvegardé ses intérêts en lui accordant une garantie particulière, celle de l'article 2131, et par un étrange abus des déductions, on arrive à présumer que la femme a parfaitement connu toutes les conséquences de l'acte qu'on lui a fait faire, qu'elle a prévu ou deviné les clauses qui n'y sont pas insérées. Et si plus tard ses créanciers personnels se plaignent qu'elle les a trompés en consentant cette hypothèque, elle devra s'incliner devant la pratique qui aura abusé de sa bonne foi, pour la rendre complice d'une mauvaise action.

Pourquoi faire dire à la loi plus qu'elle ne dit? La femme en s'obligeant, n'a pas voulu traiter le créancier vis-à-vis duquel elle s'engage autrement que ses créanciers à elle. La loi présume l'égalité, pourquoi donc si l'on n'a pas dérogé à ce principe par une convention formelle, supposer cette convention?

Pourquoi surtout la supposer alors que d'une part la personne qui s'engage est réputée dans toutes nos lois peu libre et sans expérience, et que d'autre part, cette présomption peut conduire à des conséquences qui sans être illicites, pourront répugner à la bonne foi de la femme?

N'est-il pas plus simple de dire : tous les créanciers sont égaux aux yeux de la loi, il n'y aura entre eux de causes de préférence que celles qu'ils auront obtenues et qui auront été formellement exprimées par le contrat ou par la loi? Dans le cas qui nous préoccupe, le contrat se tait, la loi est muette : pourquoi imaginer une cause de préférence?

En pareil cas, nous déciderons que les personnes qui ont traité avec la femme et son mari, seront en tant que créanciers de la femme, colloqués au marc le franc avec les créanciers personnels de cette dernière; ils bénéficieront autant et non plus qu'eux, d'une sûreté à laquelle ils ne se sont pas fait expressément subroger.

J'en conclus, et cela avec une conviction profonde, que la renonciation de la femme ne doit jamais être présumée.

Par malheur, je l'ai dit en commençant, cette clause est aujourd'hui de style, et telle femme doit plus d'une fois tromper ses créanciers personnels qui croyait seulement ajouter une tête à ces derniers.

---

§ III. — *Formes de la renonciation.*

Il n'y a donc point de renonciation tacite à l'hypothèque légale; la renonciation doit toujours être formellement exprimée dans l'acte dont elle est la conséquence.

De plus, aux termes de l'article 9 de la loi des 21-23 mars 1855, tout acte portant cession ou renonciation de la femme « doit être fait par acte authentique, et les cessionnaires ne sont saisis à l'égard des tiers, que par l'inscription de cette hypothèque prise à leur profit, ou par la mention de la subrogation en marge de l'inscription préexistante. »

J'observe en passant que l'article 9 fournit encore un argument dans le sens du système que je soutenais tout à l'heure. Car si la loi exige la condition de publicité dans l'intérêt des tiers, il me paraît non moins évident que la condition d'authenticité est exigée dans l'intérêt de la femme.

Quant à la seconde condition, la publicité, on ne pourrait dire qu'elle rend moins dangereuses les renonciations tacites, car la femme, la plupart du temps, ignorera l'inscription sur le registre du conservateur des hypothèques.

Ainsi trois conditions sont nécessaires; il faut : 1° que la femme renonce expressément à son hypothèque; 2° que sa renonciation soit écrite dans un acte authentique; 3° que cet acte authentique soit rendu public conformément aux prescriptions de l'article 9 de la loi des 21-23 mars 1855.

Ici se place une question importante. La transcription de l'acte d'où résulte la renonciation vaut-elle inscription? Deux système sont proposés, celui de l'affirmative, par M. Paul Pont, celui de la négative, par MM. Aubry et Rau.

Pour la négative, on peut dire que la transcription ne présenterait pas dans l'espèce des garanties suffisantes, et que la publicité qui en résulterait ne protégerait pas les tiers; car ce n'est pas en général dans un acte de transcription que l'on peut chercher un germe d'hypothèque. On ne peut raisonner par analogie du privilége du vendeur, car on sait bien que du moment qu'il y a vente, il y a nécessairement privilége du vendeur, puisque c'est la loi elle-même qui le donne, tandis qu'on ne peut deviner l'existence d'une subrogation à l'hypothèque légale, puisque cette subrogation ne résulte que de la convention des parties, qu'elle est perdue dans une clause peu apparente et dans tous les cas point essentielle à l'acte transcrit, que par conséquent le but de la loi du 23 mars 1855 serait manqué si l'on adoptait l'affirmative.

Au point de vue purement théorique, on peut dire que si transcription vaut inscription, cela ne doit s'entendre que du privilége de vendeur, et que la transcription n'existant pas en matière purement hypothécaire, la maxime dont il s'agit n'était qu'une faveur spéciale accordée au vendeur d'immeubles, il est impossible de raisonner par analogie.

C'est l'opinion à laquelle nous nous rangeons.

La question surgira lorsque la femme aura concouru à la vente faite par le mari d'un de ses propres, et aura, en se portant garante, renoncé expressément à son hypothèque légale. MM. Aubry et Rau n'exigent pas cette dernière condition, nous avons combattu leur théorie, nous n'avons pas à y revenir.

Donc, il faudra que l'hypothèque soit inscrite.

Quel a été le but de la loi en exigeant cette inscription ?

Ce n'est point, comme on pourrait le croire d'abord, parce que l'hypothèque a changé de main, et qu'elle cesse dès lors d'être une hypothèque de femme mariée partant dispensée d'inscription. C'est dans le but de protéger ceux qui pourraient postérieurement à cette première renonciation, obtenir de la femme de nouvelles cessions d'hypothèque. Avant la loi du 23 mars 1855, à l'époque où la collocation des créanciers sous-hypothécaires, si je puis m'exprimer ainsi, se faisait par ordre de cession, la femme pouvait traiter avec dix personnes et en tromper neuf; c'est à cet abus que l'on a voulu remédier dans l'art. 9 de la loi de 1855.

Faut-il généraliser l'art. 9 de la loi de 1855, et exiger les conditions d'authenticité, de publicité toutes les fois qu'il y a subrogation à une hypothèque, encore que cette subrogation puisse être due à toute autre opération que la renonciation d'une femme mariée à son hypothèque légale ; en d'autres termes la subrogation pourra-t-elle résulter d'un acte sous seing privé, et s'il y a plusieurs subrogations successives, seront-elles classées par ordre d'actes ayant date certaine ?

Il est bien certain que l'article 9 ne prévoit pas le cas. Mais nous reviendrons sur cette question en faisant la théorie des subrogations successives à laquelle elle se rattache intimement.

SECTION III.

DES EFFETS DE LA SUBROGATION A L'HYPOTHÈQUE.

§ I. — *Rapports du subrogeant et du subrogé.*

Nous examinerons successivement les rapports du subrogeant et du subrogé ; ceux du subrogeant avec le débiteur et ses ayant cause.

Fixons avant tout un principe qui nous guidera dans cette étude et que nous avons discuté plus haut.

Le droit qui résulte de la subrogation est un droit *sui generis* très-analogue à une hypothèque constituée sur une hypothèque, et ne différant de ce droit qu'en un point à savoir : que le créancier subrogé ne peut faire vendre aux enchères l'hypothèque de son débiteur (art. 2204).

Cela nous permettra de résoudre *à priori* cette question : Y a-t-il concours entre le subrogeant et le subrogé ?

Voici l'espèce : *Prima* renonce à son hypothèque légale au profit de *Secundus* créancier de 10,000 fr. Au moment où l'hypothèque peut être exercée, *Prima* se trouve elle-même créancière de 20,000 fr. L'actif du mari se trouve égal seulement à 10,000 fr. Si l'on admettait le principe du concours, il faudrait décider que *Prima* prendrait deux tiers de 10,000 fr. et *Secundus* un tiers; mais ce n'est point la théorie que nous adopterons; par suite du sous-engagement *Secundus* sera colloqué pour tout le montant de sa créance au préjudice de *Prima*, et celle-ci ne pourra prétendre qu'à l'excédant des biens, s'il y en a un, sur le montant de la collocation de *Secundus*.

Remarquons que dans le système de ceux qui admettent que la subrogation à l'hypothèque n'est qu'un transport cession de la créance hypothécaire, on ne pourrait (à notre avis du moins), donner la même solution, car en cédant sa créance hypothécaire jusqu'à concurrence de la somme dont *Secundus* est créancier, *Prima* aurait gardé libre entre ses mains tout l'excédant de sa créance personnelle sur celle de *Secundus*, elle devrait donc être colloquée en concours avec lui au *prorata* de leurs droits respectifs; — nous sommes profondément convaincu que l'on ne pourrait opposer à *Prima* la maxime *quem de evictione*; mais comme cette matière appartient aux cessions de créance et non à la partie du droit que nous traitons, nous sommes obligé de laisser de côté cette discussion.

Malgré cela la matière étant importante je poserai le principe dont je viens de réserver la discussion: lorsque l'hypothèque est transmise principalement, indépendamment de la créance dont elle est garantie, le subrogé est colloqué pour le montant intégral de sa créance au préjudice du subrogeant et de ses ayant cause. — Lors au contraire qu'il y a transmission de la créance hypothécaire le cessionnaire et le cédant concourent dans la proportion de la partie de aliénée et de la partie retenue.

Qu'arriverait-il, si une femme mariée subrogeait pour partie un tiers à son hypothèque légale, par exemple si elle déclarait renoncer pour moitié à cette hypothèque? Quel sens faudrait-il donner à cette convention ?

Soit une femme subrogeante qui se trouve créancière de 20,000 fr., un créancier subrogé de 10,000 fr. et un patrimoine de 10,000 fr.

Résolvant la questio à l'aide du principe ci-dessus, nous ferons passer les choses comme si la femme avait hypothéqué son hypothèque, sur l'émolument de la collocation de la femme, nous colloquerons le subrogé pour le montant intégral de sa créance, et nous arriverons au même résultat que ci-dessus.

Ainsi en employant l'expression : renoncer pour partie, la femme ne modifierait point ses rapports avec le subrogé, pour les modifier il faudrait « qu'elle se réservât le droit de concours, sur l'émolument de sa créance hypothécaire avec le créancier subrogé, » ou qu'elle employât d'autres mots exprimant la même idée.

Je sais bien que dans le cas précédent la loi pourrait venir à son secours avec l'article 1156; mais néanmoins la première formule qui se présente si simplement à l'esprit est vicieuse, et serait un prétexte fécond de procès.

Il me semble que l'on pourrait formuler en ces termes le principe résultant des espèces que nous venons de poser : la préférence du subrogé au subrogeant est de la nature de la renonciation à l'hypothèque légale.

Tant qu'il n'y a pas lieu à ouverture de l'action hypothécaire, le subrogeant comme nous l'avons dit n'est pas lié par la subrogation, et peut accepter un remploi, une *datio in solutum*, en un mot diminuer la créance, la compensation opérée du chef du subrogeant peut être opposée par le débiteur.

Sans doute, ce système n'est pas adopté par tout le monde ; il est repoussé d'abord, et cela se comprend, par tous ceux qui admettent que la subrogation est un transport cession de la créance hypothécaire (voir plus haut).

M. Mourlon qui s'est rallié au système de la transmission principale de l'hypothèque, n'a pas admis cette conséquence ; mais cela vient simplement de ce qu'il a longtemps soutenu le système du transport-cession de créance et qu'il n'a pas osé complétement « brûler ce qu'il avait adoré. »

Pour lui, bien que notre principe (assimilation de la subrogation à une hypothèque) soit admis, il n'en tire pas la conséquence, et refuse au subrogeant le pouvoir de modifier le droit éventuel qu'il a transmis. C'est assurément peu logique, car si l'on admet que le subrogeant reste maître de sa créance, il faut bien lui accorder le pouvoir de la modifier comme il l'entendra.

En somme, quoi qu'on fasse, le droit de la femme aux reprises ne sera jamais qu'un droit éventuel, par conséquent susceptible de modifications postérieures à la subrogation.

Mais, dit-on, le subrogé reste donc désarmé en face des actes du subrogeant ? Sa garantie devient alors illusoire. Erreur ; le subrogé a toujours la ressource de l'article 1167 et par une action révocatoire il fera annuler les actes consentis en fraude de ses droits.

Quant au système de la Cour de cassation qui se rapproche presque constamment du système de Mourlon, il est tellement éclectique que nous ne sommes pas bien sûr que la jurisprudence soit fixée à cet égard. Il y a assurément de l'hésitation dans les arrêts; en l'absence de principes, on veut sauvegarder autant que possible les droits de tous, et l'on arrive comme Mourlon à des contradictions.

Pour nous, plus nous avançons dans cette voie, plus nous nous affermissons dans la croyance que les objections placées au-devant de notre système par le savant M. Bertauld et les juristes de son école, ne sont que des fantômes, et que l'esprit général de la pratique nous indique clairement l'avenir de la subrogation alors qu'elle aura été définie et réglementée : ce sera, nous n'en doutons pas, l'hypothèque sur l'hypothèque.

---

§ II. — *Rapports des subrogés entre eux.*

Tout s'enchaîne, dans la matière que nous traitons. Aussi nous arrive-t-il à chaque instant de tomber sur des propositions que nous avons déjà effleurées dans d'autres discussions; nous sommes convaincu que ces répétitions sont inévitables si l'on veut introduire dans les discussions tous les éléments qu'elles comportent.

En cas de subrogation concomitante, les subrogés concourront entre eux au marc le franc de leur créance; *quid* en cas de subrogations successives?

Avant la loi du 23 mars 1855 ils étaient colloqués par ordre de subrogations ayant acquis date certaine.

La loi du 23 mars 1855 a décidé que les subrogés seraient colloqués par ordre d'inscription.

Mais cette loi n'a prévu que le cas de la subrogation à l'hypothèque légale de la femme mariée, faut-il généraliser sa disposition, et dire d'une part que la subrogation à toute hypothèque devra être faite par acte authentique, et que le subrogé prendra rang à compter de son inscription; ou faut-il réserver la disposition de l'art. 9 pour les subrogations aux hypothèques non inscrites et dire que les subrogés seront colloqués par ordre de subrogation?

MM. Bressolles, Flandin, M. Troplong, MM. Aubry et Rau soutiennent le premier système; M. Ducruet se prononce dans le sens du second.

La raison de douter est que la loi de 1855 n'a assurément pas envisagé le cas; sans dire que l'article 9 a exclu *a contrario* l'inscription de la subrogation à d'autres hypothèques, on peut affirmer qu'il ne l'a point prévue; donc, conclut-on, les autres subrogations doivent rester sous l'empire de l'ancienne jurisprudence, donc on doit colloquer les subrogés par ordre de subrogation ayant acquis date certaine.

La solution de Ducruet me semble plus juste. Il est

à remarquer que dans cette matière non réglementée on raisonne sans cesse par analogie, et que c'est montrer une sévérité peu logique que de s'écarter tout à coup de cette voie pour raisonner *à contrario.*

On ne peut pas dire que la matière soit restée sous l'empire d'une loi antérieure. Cette loi n'existe pas et, pour trouver quelques règles législatives sur la matière, il faut remonter au *subpignus* romain. La loi romaine ne distinguait pas.

Se servira-t-on de l'ancienne jurisprudence? je ne le pense pas, car d'Héricourt, Bourjon, Pothier, n'ont jamais distingué.

Objectera-t on que ces auteurs envisageaient les hypothèques générales et qu'il n'y a plus dans notre droit que les hypothèques générales de la femme et des mineurs? L'argument n'est pas concluant, car dans une matière aussi pratique on a toujours dû débattre sur le *plerumque fit.* A l'époque où écrivaient d'Héricourt, Bourjon, Pothier, la règle était la généralité de l'hypothèque, l'exception la spécialité. Aujourd'hui c'est le contraire qui arrive, il faut changer les conséquences puisque le principe n'est plus le même, et plier la pratique, qui, en somme, a été constante, aux exigences des théories d'une législation en progrès.

La loi de 1855 n'a parlé que de l'hypothèque légale de la femme mariée? C'est qu'elle a statué sur le *plerumque fit.*

Pourquoi, du reste, a-t-elle exigé la publicité des subrogations? C'est afin de prévenir les fraudes qui seraient la conséquence inévitable de la clandestinité de la subrogation. Son but ne serait donc pas atteint si l'on ne généralisait pas l'article 9 : *Ubi eadem ratio ibi idem jus.*

Nous nous rangeons donc à l'opinion de Ducruet, et nous concluons à l'extension de l'article 9 de la loi de 1855 à tous les cas de subrogation hypothécaire.

---

§ III. — *Rapports du subrogé avec le débiteur.*

Nous n'avons pas à y revenir. Le subrogé est créancier hypothécaire muni d'une hypothèque générale sur les immeubles des débiteurs. Il exerce cette hypothèque dans les limites de sa créance personnelle.

---

§ IV. — *Rapports du subrogeant avec le débiteur et ses créanciers.*

Les rapports du subrogeant avec le débiteur ne sont point modifiés par la subrogation, il n'y a donc pas non plus à y revenir, mais ici nous rencontrons une des questions les plus importantes de la matière.

Comment se régleront les rapports entre le subrogeant et les créanciers du débiteur autres que le subrogé ? Si le subrogé est un créancier du subrogeant, il n'y a pas de difficulté, il y a eu simplement à son profit constitution d'un droit de préférence sur l'émolument de la créance hypothécaire.

Mais la question sera plus compliquée si le subrogé est un créancier du débiteur; faut-il dire comme M. Mourlon : « que la femme subrogeante rentrera dans la classe des simples créanciers cédulaires? » ou décider avec MM. Aubry et Rau : « que la femme qui, en s'obligeant conjointement avec son mari, a renoncé à son hypothèque légale, a droit à raison de cet engagement même, à une indemnité garantie par l'hypothèque, à la date de l'engagement, et à condition que cette hypothèque ait été dûment conservée? »

Cette dernière idée est également exprimée par M. Larombière (*théorie d'obligations*) : « La subrogation n'est cependant pas indifférente aux créanciers du mari, car la femme, étant subrogée au créancier cessionnaire, acquiert une hypothèque par le seul fait de son engagement » (2135).

C'est cette théorie qui me semble renfermer la véritable application des principes. Je ne vois pas comment la femme pourrait se trouver simple créancier cédulaire. En somme, lorsqu'elle s'engage solidairement avec son mari, lorsqu'elle intervient comme garante à la vente d'un de ses propres, elle est toujours réputée agir comme caution de son mari; dès lors si elle paye le créancier elle a un recours contre son mari. Cette créance, comme toutes les créances de la femme, est garantie par une hypothèque.

Examinons donc ce qui peut se passer : la femme, poursuivie par le créancier, l'a payé intégralement. Comme elle est présumée n'être intervenue que comme caution de son mari, elle a recours contre lui pour le tout et ce recours est garanti par une hypothèque légale. Quelle est cette hypothèque? Dans le cas où antérieurement elle était déjà créancière de son mari, est-ce l'hypothèque qui garantissait ses premières créances, est-ce l'hypothèque qui garantissait la créance née de son engagement? La question n'est pas sans intérêt, si l'on se rappelle que la femme a non pas une hypothèque, mais bien des hypothèques successives et que, par conséquent, une hypothèque inscrite du chef d'un tiers dans l'intervalle de la première créance au contrat de subrogation, serait primée par l'hypothèque de la première créance, et primerait l'hypothèque du recours.

Il est difficile de se rendre un compte exact de ce que Mourlon entend lorsqu'il affirme que la femme devient créancière cédulaire. N'est-ce là qu'un souvenir intempestif de la doctrine qu'il a longtemps professée : doctrine de la renonciation purement abdicative? La femme, par le fait seul de son engagement, acquiert contre le mari une créance, cette créance est hypothécaire comme toutes les créances de la femme.

Peut-être faut-il se placer dans l'hypothèse d'une subrogation consentie par la femme à son propre créancier, d'un véritable *subpignus;* mais si jamais le mot renonciation a été mal employé, c'est dans un pareil cas, et du reste M. Mourlon semble bien envisager l'hypothèse d'une renonciation faite par la femme au profit du créancier du mari, et je ne vois point que dans ce cas elle puisse rester désarmée.

Cette hypothèse prend rang à la date de l'engagement de la femme, par une application de la règle générale de l'article 2135. Nous essayerons cependant de dégager la pensée de M. Mourlon, et de l'interpréter.

Déterminons donc d'une manière précise les cas qui peuvent se présenter.

Si le mari paye, pas de difficulté; on pourrait simplement être tenté de dire que l'hypothèque transmise au créancier étant éteinte dans ses mains, ne peut plus revivre au profit de la femme. Cette subtilité, que nous ne citons que pour mémoire, ne peut se présenter dans la théorie que nous avons adoptée : l'hypothèque de la femme est simplement dégrevée du droit qui pesait sur elle, et que nous avons assimilé à une hypothèque. C'est ce droit seul qui se trouve éteint par le payement.

Si la femme paye le créancier, non-seulement elle fait revivre l'hypothèque à laquelle elle avait subrogé un tiers mais encore elle acquiert une hypothèque nouvelle qui prend rang, non pas à l'époque du payement, mais à l'époque de la renonciation.

On peut se demander à cette occasion, si la femme qui a garanti la vente d'un immeuble de son mari, et a renoncé à son hypothèque légale, relativement à cet immeuble, n'a pas fait une renonciation purement extinctive, et s'il faut appliquer les principes que nous venons de poser. Pour nous, une semblable renonciation présente tous les caractères d'une renonciation subrogative, mais il arrive ce fait singulier, c'est que l'hypothèque est paralysée entre les mains du subrogé, parce qu'il aurait à l'exercer sur sa propre chose; cette espèce n'est point sans analogues dans la matière; nous verrons, quand nous aurons à traiter de l'hypothèque dont sont frappés les conquêts de communauté, se produire des décisions tout aussi étranges. Ce n'est donc pas la peine de détruire dans cette espèce particulière le principe général; il est plus simple de le laisser debout, en face d'un autre principe qui le tient pour ainsi dire en respect et le paralyse (1).

Supposons la femme et le créancier subrogé en présence d'un actif insuffisant; la femme a, par exemple, subrogé un créancier du mari et une hypothèque de 30,000 fr.

Soit le patrimoine du mari, 50,000 fr.

Sur la collocation de la femme, le créancier vient pour 30,000 fr., ce qui n'empêche pas la femme d'être créancière de 30,000; d'où résulte cette créance? de l'engagement pris par elle. Cet engagement constitue lui-même le germe d'une créance hypothécaire; cette créance est égale au montant de la subrogation; je ne vois pas que la femme puisse rester créancière cédulaire. L'hypothèque est déplacée, mais il y en a toujours une, et elle ne peut pas être inférieure au montant de la subrogation, car si elle était inférieure, son infériorité constituerait pour la femme une perte, la perte une

(1) Un article paru aujourd'hui même (10 juillet) dans la *Revue critique* jette quelque lumière sur ces dénonciations, et nous démontre que si en théorie il n'y a pas d'inconvénient à reconnaître l'existence des renonciations purement extinctives, comme nous l'avons fait au début de notre travail, elles ne peuvent, dans les cas où elles sont permises, avoir en pratique aucune application. (18 juillet. — Note de l'auteur.)

créance, et cette créance serait hypothécaire par cela seul qu'elle est la créance d'une femme mariée.

---

§ V. — *Renonciation au rang.*

La femme, lorsqu'elle veut protéger un créancier de son mari, emploie le moyen de la renonciation subrogative, et par là, elle élève le créancier à la place qu'elle occupait elle-même, pour prendre le rang que lui assigne la date de son engagement.

Quelquefois, au lieu de renoncer au profit du créancier à son hypothèque, affecter cette hypothèque à la garantie même de sa créance, elle consent simplement à être colloquée après lui. C'est ce qu'on appelle la renonciation au rang.

Elle ne peut avoir d'effet qu'autant que le créancier en faveur duquel on renonce est lui-même créancier hypothécaire; car quel que soit le rang de l'hypothèque, le créancier hypothécaire prime toujours le créancier chirographaire.

Seconde différence avec la renonciation à l'hypothèque : la renonciation au rang faite par la femme n'élève point le créancier subrogé à sa place. Seulement la femme exerce sa créance dans un rang postérieur au créancier en faveur duquel elle a fait la renonciation.

Il en résulte que s'il reste des créanciers hypothécaires antérieurs à celui qu'elle favorise, ces créanciers hypothécaires profiteront de sa renonciation.

Une femme pourrait-elle en présence de créanciers chirographaires, consentir une renonciation purement abdicative de l'hypothèque, je ne le pense pas, car la loi défend à la femme de renoncer à son hypothèque, elle ne peut donc faire que deux choses, y subroger un tiers ou renoncer à son rang.

La femme qui a renoncé à son rang en faveur d'un créancier hypothécaire, est colloquée immédiatement après celui-ci.

Ajoutons que certains auteurs ne partagent pas cette opinion et qu'ils confondent la renonciation à l'hypothèque avec la renonciation au rang. Nous avons même indiqué plus haut un arrêt de la Cour de Paris qui est inspiré par cette doctrine. Pour nous, nous croyons devoir la rejeter, et nous avons donné les motifs de notre opinion en discutant la question de savoir si la renonciation à l'hypothèque est ou non investitive.

---

§ VI. — *Observation sur les droits du subrogé. — Conquêts de communauté.*

Nous avons dit plus haut que le subrogé exerce les droits du subrogeant dans les limites de sa créance, comme le ferait le subrogeant lui-même. Il existe cependant un cas où le subrogé semble plus favorisé que le subrogeant, mais il n'en est rien en somme et nous nous proposons de démontrer que l'hypothèque simplement paralysée entre les mains du subrogeant n'avait pas virtuellement cessé d'exister. Nous voulons parler du cas où cette hypothèque frappe un conquêt de communauté qui par l'effet du partage tombe dans le lot de la femme.

On argumente dans un système de l'effet déclaratif du partage pour dire que la femme étant censée avoir toujours été propriétaire du conquêt, ne peut pas avoir d'hypothèque sur lui; que par conséquent, le subrogé qui tient d'elle ses droits, ne peut prétendre à une hypothèque qu'elle n'a pas elle-même.

Mais c'est justement ce qu'il s'agit de démontrer; et nous croyons pour notre part que la femme au contraire a une hypothèque même sur la part des conquêts de communauté qui tombent dans son lot, mais que l'exercice de cette hypothèque est paralysé par le fait seul qu'il serait sans objet.

La première chose qu'il faut se demander, c'est si tant que la communauté dure la femme a une hypothèque sur tous les conquêts immobiliers de la communauté.

Non, disent nos adversaires, l'art. 2131 déclare que la femme a une hypothèque sur les biens de son mari. Les biens de la communauté ne sont pas biens du mari; donc....

C'est là, je crois, une affirmation contraire aux principes à l'égard des créanciers du mari, les biens de la communauté, tant qu'elle dure, et les biens propres du mari ne se distinguent point les uns des autres; or la femme est un créancier du mari, donc ses droits doivent s'exercer également sur tous les biens qui forment le gage des créanciers du mari.

Qu'a voulu le législateur en écrivant l'art. 2131? C'est donner un rang favorisé à la femme, et c'est pour cela qu'il a organisé l'hypothèque légale.

Il faudrait pour adopter le système contraire faire une distinction singulière, préférer la femme aux créanciers sur certains biens, la colloquer au dernier rang sur certains autres; n'est-ce pas contraire à l'esprit de la loi?

L'art. 2131 qui a statué à notre avis sur le *plerumque fit* a voulu dire que la femme aurait une hypothèque sur les biens qui forment le gage des créanciers du mari.

Ce n'est donc pas une pétition de principes comme l'affirme M. Mourlon, que de dire que pendant la communauté l'hypothèque peut être acquise à la femme du chef du mari sur les conquêts. Reste la question de savoir si cette hypothèque peut cesser d'exister.

Cet effet ne saurait résulter du caractère déclaratif du partage, car ce caractère n'empêchera point le bien qui tombe dans le lot de la femme d'avoir été valablement hypothéqué du chef de son mari, dès lors l'hypothèque existe, elle continue d'exister virtuellement, mais elle reste sans effet parce que la femme ne peut pas s'exproprier elle-même ; mais cette impossibilité disparaîtra lorsqu'un tiers aura été subrogé à l'hypothèque légale.

Malgré cela, on ne pourra dire que le tiers aura plus de droits que la femme subrogeante ; il se sera passé un simple fait : la destruction de l'obstacle qui empêchait l'exercice des droits hypothécaires.

APPENDICE.

Nous avons passé en revue les causes, les moyens, les effets de la subrogation à l'hypothèque, en raisonnant dans l'hypothèse la plus fréquente : celle d'une subrogation à l'hypothèque légale de la femme mariée.

Nous avons généralisé cette théorie de manière à la rendre applicable à toutes les subrogations hypothécaires.

Mais pour compléter cette étude sur la *transmission active de l'hypothèque,* il nous reste encore à dire qu'indépendamment de la transmission directe et principale de l'hypothèque, il y a encore transmission d'hypothèque toutes les fois que la créance change de main.

L'hypothèque est transmise *per consequentiam :*

1° Par la cession d'une créance *hypothécaire* (article 1492).

2° Par l'effet d'un payement avec subrogation, articles 1250-1251. Il y a toutefois entre la subrogation et la cession de créances cette différence que, dans le cas d'une cession, l'hypothèque transmise conserve son étendue primitive celle de la créance cédée et que dans le cas d'une subrogation, si le tiers qui a payé a obtenu une quittance intégrale moyennant un prix inférieur au montant de la dette, l'hypothèque se restreint et se mesure sur la somme payée.

3° Par l'endossement de valeurs commerciales dont le payement est garanti par une hypothèque.

Cette question de la transmission de l'hyothèque par voie d'endossement n'a point été résolue *de plano;* elle a divisé longtemps la doctrine, et bien que la majorité des auteurs se soit prononcée dans le sens de la transmission, il existe encore des partisans énergiques de la non-transmissibilité. Les arguments de ces derniers ont été mis en lumière avec un grand talent par M. Dalloz.

Ce jurisconsulte redoute dans la transmission accessoire de l'hypothèque par voie d'endossement un retour aux principes dangereux de la loi de messidor an III et au régime des cédules hypothécaires. Pour lui, la transmission de l'hypothèque par la voie de l'endos, c'est la circulation rapide, fiévreuse au besoin de la propriété foncière, par suite l'instabilité de cette propriété. C'est la passion du jeu alimentée par la facilité de se satisfaire, ce sont les fortunes territoriales en péril, et la société ébranlée par ces soudaines fluctuations de la richesse privée.

Nous ne sommes pas très-touché de cet argument d'économie sociale. A coup sûr, le tableau est exagéré, et cette vivacité de coloris est plus propre à séduire qu'à convaincre. La transmission de l'hypothèque par voie d'endossement est avant tout une opération commerciale, et c'est le mouvement commercial bien plus que la passion du jeu, qui mettra l'hypothèque en circulation. Est-ce un danger? Nous ne pouvons point le discuter ici, mais si le péril existe, nous le croyons compensé par de sérieux avantages.

Il paraît juste que le commerçant qui s'est fait donner par son débiteur une hypothèque comme garantie de sa créance, transmette au cessionnaire cette créance, telle qu'elle se comporte et par conséquent accompagnée de tous ses accessoires.

Du reste l'article 1492 n'a point distingué entre les divers modes de cession et c'est purement arbitraire de refuser l'application de cet article au mode de transmission par voie d'endossement.

Une objection plus sérieuse est celle qui consiste à remarquer qu'une semblable transmission de l'hypothèque est pour ainsi dire clandestine, et que les créanciers qui ignorent l'existence des tiers porteurs peuvent se faire illusion sur l'actif réel de leur débiteur ; j'entends par là le créancier hypothécaire, l'endosseur ; on peut répondre cependant que la signification, ou l'acceptation authentique du cédé ne sont pas non plus des moyens de publicité bien efficaces, et que par conséquent il n'y a pas plus lieu d'appliquer l'article 1492 alors que l'hypothèque est transmise par voie d'endossement, que lorsque cette transmission a lieu par une cession ordinaire.

B. — Lorsqu'une hypothèque est affectée à la garantie d'un compte courant ouvert par un commerçant à un autre, il se présente souvent des questions assez compliquées, qui participent à la fois du domaine du fait et du domaine du droit; il y aurait à notre avis un danger à les laisser exclusivement dans le domaine du fait.

Une de ces questions appela notre attention dans la pratique : il s'agissait de savoir si lorsqu'un compte courant a été ouvert par un commerçant à un autre commerçant, toute négociation de valeurs souscrites ou endossées par le crédité, puis endossées par le créditeur à des tiers porteurs, doit être considérée comme une opération de compte courant, si par conséquent la garantie hypothécaire de ce compte courant a été transmise partiellement par l'endos de toute valeur, dans la proportion du montant de la valeur au montant du crédit ouvert.

Ce qui nous conduit à examiner *en droit,* si pour qu'il y ait lieu à la transmission de l'hypothèque, il faut que les effets négociés soient causés suivant ouverture du compte courant ; nous croyons que ce serait aller trop loin, et nous n'admettrions même pas, comme l'ont fait la Cour de Colmar dans un arrêt de 1845, et la Cour de Paris dans un arrêt de 1851, qu'il faille pour donner lieu à la transmission de l'hypothèque que le tiers porteur ait eu connaissance de cette hypothèque et qu'il ait pu compter sur elle pour garantir sa créance. Que les effets soient causés, qu'ils soient non causés, soit que les porteurs aient connu l'existence de l'hypothèque, soit qu'ils l'aient ignorée, cette hypothèque sera transmise, si toutefois l'effet négocié peut être considéré en fait comme faisant partie du compte courant.

C. — Mais nous sommes convaincu en droit, que lorsqu'un compte courant existe entre deux commerçants, il peut y avoir entre ces deux commerçants des négociations et endossements de valeurs qui ne rentrent pas dans le compte courant, et pour les distinguer des autres, je crois que l'on pourrait décider *en droit* que toute valeur dont la négociation tend au développement, à l'extension du compte courant, doit être considérée comme une opération faisant partie de ce compte, et voilà la raison juridique que nous en donnerions, c'est que le compte courant s'arrête le jour où la caisse du créditeur se ferme pour le crédité; lorsque le créditeur accepte en paiement du papier du crédité ou endossé par lui, sa créance est partiellement éteinte avec tous ses accessoires et remplacée par une nouvelle créance qui n'est garantie par aucune hypothèque, parce qu'elle est absolument en dehors du compte courant. Pour déterminer *en fait* si l'opération est une *datio in solutum*, on examine sur les livres des commerçants si des fonds ont été avancés sur ces valeurs négociées, ou si ces valeurs ont été remises à titre de remboursement de fonds précédemment prêtés. Dans ce dernier cas, elles ne se distinguent plus de toutes les valeurs ordinaires qui existent dans le portefeuille du créditeur; par suite, elles ne peuvent conférer au crédité aucun droit exceptionnel.

D. Une dernière question nous frappe; bien qu'elle soit plutôt afférente à la matière des cessions de créance qu'à celle des transmissions d'hypothèques, nous en dirons un mot.

Une créance de 100 francs garantie par une hypothèque jusqu'à concurrence de 50 francs a été cédée pour moitié par voie d'endossement; le débiteur et l'endosseur sont insolvables, les tiers porteurs doivent-ils être colloqués pour 50 au préjudice des créanciers de l'endosseur ou concourir avec ce dernier?

La raison de douter est que les tiers porteurs subiront une éviction par suite de la collocation de l'endosseur, et celui-ci étant astreint à la garantie en vertu de l'article 140 du Code de commerce, on peut objecter la maxime: « *Quem de evictione tenet actio eumdem agentem repellit exceptio.* »

Nous ne nous rangeons point à cette opinion; nous dirons: les tiers porteurs et les créanciers tiennent leurs droits du même individu et les ont acquis de la même manière.

Les biens d'un débiteur sont le gage commun de ses créanciers.

Il ne peut y avoir d'autre cause de préférence que celles qui sont énumérées dans la loi.

Ces seules causes de préférence sont les privilèges et

les hypothèques. Les tiers porteurs n'ont ni privilége ni hypothèque. — Donc...

Quant à la maxime *quem de evictione*, nous avons déjà dit ailleurs ce que nous pensions de la généralité dangereuse de ces brocards : dans tous les cas pourrait-on répondre que dans l'espèce il n'y a pas éviction dans le sens propre du mot, que l'on nomme éviction le résultat d'un danger que le créancier ne pourrait prévoir : qu'il n'y a là rien de semblable, puisque ce fait qui menace ses intérêts est le résultat : 1° d'une insolvabilité contre laquelle il doit s'armer en demandant à son débiteur des garanties spéciales; 2° de la loi qui en présence d'un actif insolvable réduit de plein droit toutes les créances à un dividende proportionnel.

Nous n'insisterons pas davantage sur ce point : car ce que nous avons dit de la créance hypothécaire pourrait s'appliquer aussi bien à la créance chirographaire; mais on est souvent tenté d'attribuer ce résultat à la transmission accessoire de l'hypothèque, et de croire que cette transmission est constitutive d'un droit de préférence au profit des tiers porteurs. Il n'en est rien; les tiers porteurs, qu'il y ait ou qu'il n'y ait pas d'hypothèque à transmettre, n'ont droit suivant nous à aucune préférence, et toute espèce d'ordre à établir entre eux et les créanciers de l'endosseur serait contraire à l'article 2104, et à toutes les dispositions qui règlent cette matière; en outre, cet ordre serait infiniment préjudiciable aux intérêts du commerce, puisque les créanciers personnels de l'endosseur n'ayant aucun moyen de s'assurer du chiffre des créances endossées, ne sauraient quel est le crédit réel de ce dernier, quelle est l'étendue du gage commun; les tiers porteurs, au contraire, accapareraient l'actif sans avoir rien stipulé, rien fait pour cela.

E. — Un mot en terminant : la créance hypothécaire change de main par l'effet de la subrogation (articles 1251-1252). Cette subrogation n'a rien de commun avec celle dont nous avons parlé dans les chapitres précédents. Remarquons toutefois que d'après le système de MM. Merlin et Grappe, il y aurait non pas déplacement de la créance hypothécaire, mais déplacement et adhérence de l'hypothèque à une nouvelle créance et à une nouvelle action; nous n'adoptons pas ce système.

Dans ces divers cas la transmission de l'hypothèque emprunte à la cession, à la subrogation, à l'endossement leurs formes habituelles et leurs effets. C'est donc une matière réglementée par la loi, et sur laquelle la lumière est faite.

Nous terminerons en rappelant que soit directe et principale, soit indirecte, la transmission de l'hypothèque peut, suivant les cas, présenter les caractères d'un acte à titre gratuit ou d'un acte à titre onéreux. Il y aura donc lieu d'appliquer toutes les règles qui prévoient soit la nullité, la révocation, la réduction des libéralités, soit celles qui se réfèrent à l'annulation, à la validité des contrats.

RÉSUMÉ ET POSITIONS.

I. L'origine de la subrogation à l'hypothèque est le *subpignus* romain et le *pignus nominis*.

II. Dans l'ancienne pratique française c'est le *sous-ordre*.

III. La subrogation à l'hypothèque est d'un usage fréquent, surtout sous le nom de renonciation de la femme mariée à son hypothèque légale.

IV. Cette subrogation n'est ni un transport-cession de la créance hypothécaire, ni une mise en gage de cette créance; c'est un droit *sui generis* dérivé du *subpignus romain*, tendant à la constitution d'une hypothèque sur une hypothèque, mais en différant encore par l'application des articles 2118 et 2204.

V. Elle peut avoir lieu soit au profit d'un créancier de la femme, soit au profit d'un créancier du mari.

VI. La femme mariée sous le régime dotal peut renoncer à son hypothèque légale, quant à la restitution de la dot mobilière.

VII. La femme ne peut subroger à son hypothèque qu'autant qu'elle est créancière de son mari.

VIII. La renonciation de la femme ne peut jamais être tacite.

IX. Elle doit être faite par acte authentique et rendue publique. — Il faut appliquer l'article 9 de la loi du 1855 à toutes les subrogations d'hypothèque.

X. Il ne peut y avoir de concours entre le subrogeant et le subrogé.

XI. Les subrogés successifs sont colloqués par ordre d'inscription. — Il faut encore généraliser l'article 9.

XII. Par le fait de renonciation, la femme subrogeante acquiert contre son mari une créance pour tout ce que le subrogé a recueilli à ses dépens.

XIII. Cette créance est garantie par une hypothèque qui prend rang à la date de l'engagement.

XIV. La femme peut renoncer simplement à son rang. — La renonciation au rang n'est pas subrogative à l'hypothèque.

XV. Le subrogé peut exercer ses droits hypothécaires sur la part des conquêts de communauté qui est tombée dans le lot de la femme mariée.

DROIT PÉNAL.

I. L'application du principe prohibitif du cumul des peines ne met pas obstacle à l'exercice de l'action publique pour l'effet moral et les conséquences judiciaires des châtiments encourus, aussi bien que pour les condamnations accessoires, à faire prononcer dans l'intérêt des parties civiles et du trésor public.

II. Les aggravations de peines résultant de circonstances personnelles à l'auteur principal doivent s'étendre au complice.

III. Lorsque la nullité du premier mariage est proposée comme question préjudicielle par un accusé de bigamie, il n'y a pas lieu de distinguer entre la nullité absolue et la nullité relative.

DROIT COMMERCIAL.

I. L'hypothèque est transmissible par voie d'endossement.

II. Lorsqu'une hypothèque est affectée à la garantie d'un compte courant, elle ne s'applique qu'aux valeurs qui font immédiatement partie du compte courant, et non pas aux négociations accessoires entre les mêmes individus.

III. C'est une question de fait de déterminer quelles valeurs doivent être réputées négociées en exécution du compte-courant.

DROIT DES GENS.

I. Le privilége de l'exterritorialité cesse en faveur d'un agent diplomatique qui prend part à une conspiration contre le gouvernement près duquel il est accrédité.

II. L'extradition est une mesure de droit international qui ne peut être critiquée par l'accusé à raison des illégalités dont elle est entachée.

Vu par le Président de la thèse :

C. Bufnoir.

Le doyen :

G. Colmet d'Aage.

Vu et permis d'imprimer :

Le Vice-Recteur de l'Académie de Paris,

A. Mourier.

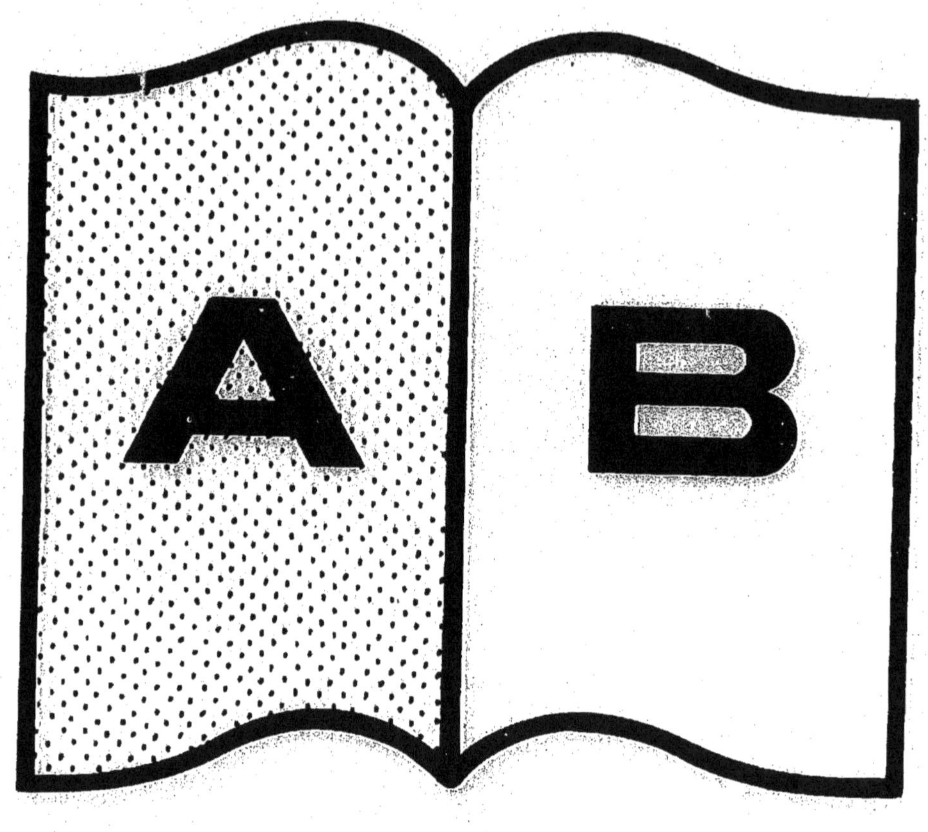
A
B

www.ingramcontent.com/pod-product-compliance
Lightning Source LLC
Chambersburg PA
CBHW071449200326
41519CB00019B/5674

* 9 7 8 2 0 1 9 5 4 8 3 3 9 *